오피스빌런에게

고통받는 당신을 위한

처방전

오피스 빌런에게

박지훈 지음

고통받는 당신을 위한 처방전

비전코리아

K-직장인들의 흔한 출근길

일요일 저녁, 아직 새로운 한 주를 시작하지도 않았는데 벌써부터 다음 주말을 기다린다. 엊그제 금요일에 퇴근한 지 얼마나 됐다고 벌써 또 새로운 한 주가 찾아오다니, 누군가 주말의 시계를 몇 배속으로 빨리 돌리는 게 확실하다. 요즘 유행하는 연애 프로그램을 보며 야식도 먹고 싶지만 내일 출근을 위해 아쉬움과 함께 이불 속으로 들어간다.

회사 합격 통지서를 받고 기뻐하던 때가 있었다. 어려운 취업문을 뚫은 나를 자랑스러워하시던 부모님의 얼굴은 지금도 생생히 기억난다. 첫 출근날, 적당한 긴장감에 일찍 눈이 떠졌다. 오늘부터 1인분 밥벌이를 한다는 설렘도 있었고 드디어 학교를 떠나 사회구성원이 된다는 으쓱함도 있었다.

월요일 아침, 다른 날보다 유독 잠에서 깨어나기 힘들고 피곤한 지금 이 순간은 출근하기 싫다는 마음만 가득하다. 갑자기 아프다 말하고 휴가를 쓸까? 휴대폰을 꺼버리고 나 몰라라 더 자버릴까? 이런 생각을 하면서도 내 몸은 자연스럽게 샤워를 하고 출근 준비를 마친다.

오늘은 평소보다 10분 더 일찍 출발한다. 차가 많이 막히는 월요일, 지하철과 버스가 더 많은 사람들로 붐비는 한 주의 시작이니 조금은 더 서두른다. 출근길에 책을 읽겠다고 매일 다짐하지만 오늘도 습관처럼 핸드폰을 들여다본다. SNS에는 'XX로 한 달 만에 천만 원 벌기', 'YY로 퇴사 준비하기', '무자본으로 온라인 창업하기' 같은 광고가 넘쳐난다. 낚시성 광고이겠거니 싶다가도 실제로 주변에 퇴사하는 지인들이 하나둘 생기고 있다는 사실이 떠오른다. 누군가는 주식으로, 누군가는 스마트스토어로 큰돈을 벌었다고 한다. 또 누군가는 구독자 10만 명이 넘는 유명한 인플루언서가 되어 직업을 바꾼다고 한다. 남의 얘기라고만 생각했던 일들이 주변에서 일어나고 있다. 그런 생각을 하면 더더욱 출근하기 싫다. 역대급 태풍이 오거나 폭설이 내려서 출근길이 마비됐으면 좋겠다. 차라리 가벼운 교통사고가 나서 병원에 누워 있고 싶다는 못된 생각마저 든다.

태풍이 오든 폭설이 내리든 심지어 사고가 나더라도 우리는 출근을 안 할 수가 없다. 차라리 길 안 막히고 안전하게 회사로 가는 게 낫겠다. 마음을 다잡는다. 이렇게 출근이 하기 싫은 이유는 아이러니하게도 내가 갈 수 있는 회사가 있기 때문이란 것을 안다. 솔직히 아침에 눈 떠서 가야 할 회사가 없는 게 더 무섭다. 월급은 그대로인데 매달 늘어나는 카드값과 대출이자는 현실을 일깨우며 나를 압박한다. 요즘은 경조사도 많아서 예상치 못한 지출도 늘어났다. 당장 월급이 없으면 점심 한 끼 사 먹는 것도 부담스러운 요즘 물가다. 뉴스에서 '희망퇴직'이라는 기사라도 나오면 '혹시 우리 회사도?'라는 불안감도 든다. 정년을 채우지 않고 퇴직하는 선배들을 보면 '나는 회사 그만두면 뭘 해서 먹고살 수 있을까'라는 현실의 장벽에 막힌다.

'그래! 그만 투덜대고 회사 가자!'

빌런에게 고통받는 K-직장인들

아침부터 수차례 나와의 전쟁을 이겨내며 회사에 도착한다. 숨 돌릴 틈도 없이 여기서는 새로운 전쟁이 시작된다. 출근 시간보다 일찍 왔는데도 일찍일찍 다니라며 아침부터 잔소리하는 사람, 자리에 앉아 PC를 켜기도 전에 고객사 요청 사항 확인했냐고 묻는 사람, 어제 뭐 했길래 얼굴이 그렇게 부었냐고 기분 나쁘게 만드는 사람, 아침부터 사무실 전체에 울려 퍼지도록 시끄럽게 통화하는 사람. 보고 있는 것만으로도 힘든 이들과 같은 공간에서 하루 최소 8시간 이상을 함께 보내야 한다.

점심을 먹고 평소에 친하게 지내는 동료 몇 명과 모여 커피 한잔을 마신다. 반나절 동안 서로를 화나게 만든 사람들의 이야기를 시작한다. 회사는 다양한 사람들이 모인 곳이라 하루 사이에도 많은 가십거리가 생긴다. 해도 해도 끝이 없다. 그렇게 우리의 뒷담화는 시간 가는 줄 모르고 계속된다.

뒷담화는 할수록 재밌다. 특정 인물의 뒷담화를 한번 하기 시작하면 멈출 수가 없다. 특히 직장에서 뒷담화는 쉽게 끊을 수 없는 묘한 매력이 있다. 그리고 뒷담화를 함께하는 동료들끼리는 은연중에 공감대가 형성되고 무리가 만들어진다. 좋다고 할 수 없지만, 삭막한 직장생활에서 무조건 나쁘다고만 할 수도 없다. "없는 자리에서는 나랏님도 욕한다"는 옛말이 있지 않은가? '임금님 귀는 당나귀 귀'를 외치지 못해 속병을 앓았다는 이야기도 있다.

그렇다고 우리가 모든 사람의 뒷담화를 하는 것은 아니다. 누가 봐도 '빌런'이라고 부를 만한 특정한 사람들의 뒷담화를 한다. 어느 집단을 가든 '또라이'라 불리는 빌런은 항상 있다는 것을 직장인이라면 누구나 공감할 것이다. 그래서 직장에 존재하는 절대 법칙 하나가 바로 '또라이 총량의 법칙'이다. 우리는 이런 빌런들의 뒷담화를 하는 것이다. (이런 빌런들에게 감사해야 한다. 내 주변에 빌런이 아무도 없다면, 그게 바로 '나'일 수 있기 때문이다.)

뒷담화로만 끝낼 수는 없잖아

그런데 뒷담화만 하고 끝내기에는 뭔지 모를 찜찜함이 남는다. 뒷담화하는 동안에는 속이 시원하지만, 한편으로는 불편함도 남는다. 왜 그럴까? 내가 욕하는 빌런의 모습에서 은연중에 부러운 부분도 있고, 나도 모르게 그 모습을 닮아가고 있는 것은 아닌지 불안함도 느끼기 때문이다.

그렇다면 이런 빌런들에게 배울 것은 전혀 없을까? 빌런에게 당하고 끝내는 것이 아니라, 언젠가 또 다른 빌런을 만났을 때를 대비할 방법은 없을까? 뒷담화로 끝내는 게 아니라 이런 빌런들을 이용할 방법은 없을까?

이 물음에 답해보려 한다. 가십거리용 뒷담화로 끝내는 것이 아니라, 그들을 통해 하지 말아야 할 것과 해야 할 것을 생각해본다. 다음에 비슷한 빌런을 만났을 때는 어떻게 대처해야 하는지 대비책을 준비해본다. 저들과 다르게 행동해서 나는 더 나은 사람이 되고자 다짐도 한다.

정답을 풀어놓는 것이 아니다. 빌런마다 성향이 다르고 직장마다 환경이 다르며 나의 성향도 다르니 정답이 있을 수 없다. 나는 13년이 넘는 기간 직장생활을 하면서 만난 빌런들로 인해 고통받아 왔고 심지어 전문적인 치료를 받기도 했다. 많은 책과 전문가와의 상담, 직장 동료들과 대화를 나누는 과정에서 방법을 찾아보고 빌런들과 직접 부딪히며 배우고 깨우친 내용이다.

단, 이것만큼은 명심하자. 빌런들의 뒷담화를 하다 보면 팩트를 기반으로 사건과 사고를 크게 부풀리기도 하고 없는 사실을 만들어내는 창작의 영역으로 가기도 한다. 마녀사냥은 절대 안 된다.(역으로 뒤통수를 맞을 수 있다.) 이 책에 등장하는 사례들은 모두 직장생활 중에 직간접적으로 겪은 것들이며, 과장이나 허구가 아님을 미리 밝힌다. 다만, 독자들의 이해를 돕기 위해 회사의 특수한 사례는 일반적인 상황으로 변경하였다. 또한 사례별로 언급한 빌런 대처법이나 배울 점은 직장생활을 통해 얻은 경험에서 비롯된 나의 생각일 뿐 정답이 아님을 다시 한 번 강조한다. 나보다 더 현명하고 지혜로운 대처법이 있다면 다양한 공간에서 더 자유롭게 다양한 이야기를 나누고 싶다.

K-직장인들을 응원하며

회사를 전쟁터라고 표현하기도 하니, 어쩌면 우리 직장인들은 매일같이 자신만의 전투를 치르고 있는지도 모른다. 나 또한 아무런 보호 장비가 없던 신입사원 시절부터 지금까지 크고 작은 전투를 치르고 있다. 힘든 과정이었고 상처도 많이 남았다.

하지만 확실한 것은 이전의 나보다 조금은 더 단단하면서 유연해진 것을 느낀다. 무슨 일이든 조급함을 내기보다는 여유로운 마음을 갖게 되었다. 힘든 일이 생겨도 '그럴 수 있지'라고 생각하며 큰 의미를 두지 않고 하나씩 풀어간다.

마지막으로 이 책을 읽고 '맞아! 저런 빌런이 있었지! 나도 당했어!' 하는 독자들이 있다면 부디 마음속의 공감과 치유 그리고 조금이나마 해결책을 찾았으면 하는 바람이다. 누구보다 성실하고 자신의 영역에서 치열하게 살아가는 모든 직장인들을 응원한다.

| 목 차 |

1부 빌런 1단계

기본도 지키지 않는 빌런

 **작가의 못다 한 이야기**

2부 빌런 2단계

일하면서 만나면 안 되는 빌런

 일잘러가 되고 싶다면 … 173

3부 빌런 3단계

회사 밖에서도 만나면 안 되는 빌런

기본도 지키지 않는
빌런

기본 : 사물이나 현상, 이론, 시설 따위를 이루는 바탕

우리가 어릴 적부터 기본적으로 배우는 것들이 있다.

시간 약속 잘 지키기, 공공장소에서는 떠들지 않기, 남의 물건은 가져가지 않기 등등.

성인이 되어서도, 직장인이 되어서도 이런 기본조차 지키지 않는 빌런들이 있다.

출근 시간, 회의 시간
안 지키는 사람들

코로나19 이후 많은 기업들이 출퇴근 시간을 자유롭게 정할 수 있는 탄력근무(유연근무 혹은 자율근무) 제도를 도입했다. 처음 몇 달은 정말 이래도 되는지 눈치 보기 바빴지만, 코로나가 장기화되면서 자연스럽게 하나의 직장문화로 정착됐다.

하지만 아무리 출퇴근이 자유로워도 직장에서 반드시 지켜야 하는 시간 약속이 있다. 가장 대표적인 것이 '공식적인 근태' 그리고 여러 사람이 참석하는 '회의 시간'이다. 시간을 지키지 않는 빌런들 때문에 다수가 피해를 보는데, 이들은 자신이 피해를 입지 않는 한 변함이 없다.

신입사원 K는 입사와 동시에 탄력근무를 활용하여 매일 오전 11시에 출근한다. 아침잠이 많다는 이유다. 늦게 출근하는 만큼 늦게 퇴근하기에 당연히 누구도 뭐라고 하지 않는다. 아니, 솔직한 마음은 한마디 하고 싶지만 회사 정책상 문제없는 데다 잘못 말했다간 꼰대 소리를 들을 수 있다.

문제는 '신입사원 교육'을 받으러 가는 당일 발생했다. 신입사원 교육은 오전 9시부터 저녁 6시까지 하루 9시간 공식적인 '교육'으로 진행된다. 평소 11시에 출근하더라도 이런 날은 9시까지 지정된 교육장에 와야 한다. 그러나 탄력근무만 알고 있던 K사원은 평소처럼 11시에 교육장에 도착했다. 대학생 때 한 번씩 해보았을 자체 휴강을 회사에서도 할 수 있다고 생각한 것일까. 오히려 근태를 문제 삼은 담당자에게 적반하장으로 뭐가 잘못됐냐고 따진다. 하지만 이런 것은 지켜줄 방법이 없다. 결국 K사원의 교육은 취소되었고, 사무실로 다시 돌아가 근무해야 했다.

N팀장은 회의 10분 전 항상 담배를 피우러 간다. 흡연장까지 오가는 시간을 합하면 20~30분 이상 걸린다는 사실을 아직도

모르는 것 같다. 오후 2시에 예정된 회의가 오늘도 역시나 N팀장 때문에 2시 10분이 넘어서야 시작되었다. 회의에 참석한 사람이 10명이니 각자의 시간을 합하면 100분을 없앤 것과 같다. 늦게 시작한 만큼 회의는 늦게 끝났다. N팀장의 지각으로 다른 팀원들의 시간이 증발했다. 이럴 거면 뭐하러 회의 시간을 잡겠는가.

이런 빌런을 만나면 어떻게 대응해야 할까?

근태 문제가 생기면 원칙대로 처리한다. 요즘은 많은 회사에서 자율출근제도를 도입하고 있지만, 그 안에서도 지켜야 하는 최소한의 규칙이 있다. 아무리 늦어도 12시 전에는 출근해야 한다거나, 하루에 최소 4시간 이상은 사무실에서 근무해야 하는 등 회사마다 규칙이 있다. 이것을 모르고 잘못 사용하는 사람들이 종종 있다. 좋은 게 좋은 거라고 한두 번 봐주는 것은 서로에게 도움이 되지 않는다.

마찬가지로 팀장이 늦더라도 정해진 시간에 맞춰서 회의를 시작한다. 기다릴 이유도 여유도 없다. 팀장이 본인 없이 회의를 시작했다고 버럭 하면 어떻게 할까? '팀장님이 다른 회의에 참석하느라 못 오시는 줄 알았다'고 한두 번 유연하게 넘겨보는 것은 어떨까? 그렇다고 오해하지는 말자. 정말로 다른 회의나 업무로 어쩔 수 없이 늦는 사람들까지 배려하지 말자는 것이 아니다. 정당한 이유 없이 상습적으로 지각하는 빌런들에게 대응하자는 것이다.

시간 약속을 지키지 않는 사람들 때문에 다른 사람들이 피해를 보는 것은 바람직하지 않다. 피해를 봐야 할 사람은 약속을 지키지 않은 당사자이다. 그들이 크든 작든 피해를 보게 하자.

그래도 빌런에게 배울 게 있다면?

직장인뿐만 아니라 어떤 분야에서 어떤 일을 하든 시간 약속을 지키는 것은 기본 중의 기본이다.

수능시험 날 시험장에 늦게 들어갈 수 있을까? 입사 면접 당일에 지각하는 사람이 있을까? 대출이자 납부일을 일부러 넘겨 굳이 수수료를 내는 사람이 있을까? 해외여행을 앞두고 비행기 시간에 늦는 사람이 있을까?

　이런 질문들에 당연히 '노(No)'라고 대답해야 한다. 본인에게 피해가 가는데도 일부러 시간 약속을 안 지키는 사람은 없으니까. 여기서 '예스(Yes)'라고 대답한다면 지금 이 순간부터 반드시 고치기를 바란다. 직장인들은 일을 잘하고 못하고도 중요하지만 기본을 지키는 것이 더욱 중요하다. 시간 약속을 지키는 것이 바로 그 기본 중의 하나다.

　그러나 안타깝게도 기본을 지키기가 쉽지 않다. 매년 연말 서로에게 바라는 점을 조사해보면, 회의 시간을 지켰으면 한다는 내용이 올라온다. 그래서 1~2월에는 '회의 5분 전 착석'이라는 캠페인을 할 정도다.

　내가 시간 약속을 지키지 않는 것은 다른 사람의 시간을 빼앗는 행동이다. 남들도 다 늦는다고 나까지 늦게 가지 말고, 적어도 기본만큼은 잘 지키는 직장인이 되자.

당연히 저한테
소개팅 시켜줘야죠!

다양한 부서의 여자 직원들과 함께하는 업무가 많다. 자연스럽게 티타임이나 식사 자리, 회식 자리가 빈번하다. 당연히 친분이 쌓이고, 업무 내외적으로 도움받을 일이 많이 생긴다. 문제의 빌런은 옆 팀에 입사한 27세의 L사원. 특목고를 조기졸업하고 대한민국에서 톱3에 드는 대학을 나온 L사원은 항상 어깨에 힘이 들어가 있다. 모든 사람들이 자기를 좋아하고 챙겨주고 흔히 말하는 '우쭈쭈' 해주길 바라는 신입사원이다.

옆 팀인 나와는 당연히 친분이 없다. 서로 지나가다 인사를 나누는 정도이다. 그런데 어느 날 여자 직원들과 티타임을 마치고 자리로 돌아오는 나를 붙잡고 L사원이 말을 건다.

> **L사원** : 대리님, 저 여자 직원들을 왜 저한테는 소개 안 시켜주세요?
> 당연히 저한테 소개팅 자리를 만들어주셔야 하는 거
> 아니에요?
>
> **나** : ??????????????????? x 100000000000

나는 아무 대답도 하지 않았다. 그를 멍하니 처다보다 마시던 커피를 한 모금 더 삼킨다. 대답할 가치가 없기도 하지만 어이가 없다. 도대체 무슨 생각으로 나에게 저런 말을 하지? 내가 만만한가? 아니, 심지어 친하지도 않은 나한테 뜬금없이 이런 말을 하다니?

L사원은 몇 번 더 소개팅을 시켜달라고 하고, 나는 그 어떤 대답도 하지 않고 끝까지 처다보기만 한다. 몇 분간 쭈뼛쭈뼛하던 그는 아무 말 없이 자기 자리로 돌아간다.

L사원이 돌아간 뒤 잠시 생각에 잠긴다. '소개팅이 아니라 같이 일하고 싶어서 소개를 시켜달라는 거였나? 내가 오버한 걸까?'

그런데 L사원과 같은 팀에서 근무하는 동기가 말해준다. 그가 점심시간에 줄곧 내 욕을 했다고 말이다. 자기 같은 수재가 들어왔으면 주변에서 당연히 소개팅을 주선해줘야 하는 거 아니냐고, 저렇게 아는 여자 직원들이 많으면서 자기를 안 챙겨주냐고. 팀원들도 어이가 없어서 웃기만 했다고 한다. L사원은 입사 후 5년이 넘은 지금까지 모태 솔로로 지내고 있다.

이런 빌런을 만나면 어떻게 대응해야 할까?

처음부터 자신감이 아니라 자만심이 넘치는 신입사원들이 있다면 무대응이 답이다. 이런 빌런들은 상대의 반응을 자신의 에너지원으로 사용한다. 대화를 하면 할수록 빌런들은 더욱 말이 많아지고 본인의 생각이 '정답'이라는 논리를 펼친다. 그러니 맞장구를 쳐주거나 잘못된 부분을 짚어주면 안 된다. 무대응으로 빌런이 제풀에 꺾이도록 하는 것이 좋다. 게다가 내가 선배라면 상대적으로 갑의 위치이니 무대응이 크게 어렵지는 않다. (갑질을 하라는 것은 아니다.)

무대응으로 일관하는 나에게 빌런이 계속 말을 건다면 무시하는 느낌이 들지 않을 정도로 영혼을 담지 않고 '네~'를 반복하자. 무엇이든 먼저 배우려 하거나 살갑게 다가오는 후배들도 많다. 굳이 나의 열정과 에너지를 빌런에게 쏟을 필요 없다.

그래도 빌런에게 배울 게 있다면?

회사에 당연한 것은 없다. 아니, 세상을 살면서 당연한 것은 없다. 내가 신입사원이라고 해서 주변 선배들이 나를 챙겨주는 것을 당연시하면 안 된다. 업무적인 것도 그렇고 개인적인 일도 그렇다. 그들이 나를 도와주는 것은 이제 막 회사생활을 시작하는 후배에 대한 배려일 뿐 절대 의무가 아니다.

물론 대부분의 회사에서는 멘토링 제도를 통해 신입사원들의 조기 적응을 돕고 있지만 이 역시 당연한 것으로 생각하면 안 된다. 기존 사원들에게 멘토링은 성과로 인정받지 못 하는 또 하나의 업무이기도 하다. 멘토링을 제대로 못 하면 문제가 될 수 있지만 잘한다고 해서 인사평가에 반영되지도 않는다. 규모가 큰 회사는 우수 멘토를 선정해서 포상하기도 하지만 그뿐이다.

신입사원인 나를 빨리 가르치면 선배들이 더 편하게 일할 수 있지 않냐고 반문할 수도 있다. 하지만 누군가를 가르치는 데는 많은 시간과 에너지가 필요하다. 그래서 어떤 동료들은 신입사원을 가르치느니 차라리 내가 해버리는 게 낫다며 멘토링을 거부하기도 한다. 또한 어느 정도 시간이 지나 일을 맡긴다 하더라도, 뒤에서는 하나부터 열까지 더 많은 것을 챙겨야 한다.

문제의 빌런에게 진짜 해주고 싶은 한마디가 있다. 네가 정말 괜찮은 사람이면 네가 아무리 거절해도 주변에서 알아서 소개팅을 주선해준다.

사무실 책상에서
손발톱을 깎는다고?

　지방에서 올라와 15년이 넘도록 기숙사에서 생활하고 있는 W차장. 기숙사 생활을 너무 오래한 나머지 이제는 사무실 책상과 기숙사 책상을 구분하지 못하게 된 걸까? W차장은 툭하면 사무실 책상에서 손톱과 발톱을 깎는다. '딱딱' 소리가 얼마나 거슬리는지 겪어본 사람이라면 다들 공감할 것이다. 소리만 거슬리면 그나마 다행이다. 반대편 자리에서 근무하던 나는 튄 손톱에 몇 번 맞기도 했다.

　뿐만 아니다. 한여름에 땀이 많이 나는데도 굳이 양말을 벗고 발톱을 깎는 모습은 정말 역겹다. 주변에서 아무리 눈치를 줘도 이런 빌런들은 자신을 향한 날선 눈빛을 알아차리지 못한다.

이게 끝이 아니다. 먹다 남은 빵 봉지, 과자 봉지, 일회용 컵 등 쓰레기들이 항상 책상 위에 가득하다. 자기 주변에 누가 오는 것을 막으려는 의도라면 100% 성공이다. 보기에도 지저분하고 냄새까지 나니 빌런의 자리 주변에는 아무도 가지 않는다.

'저러니 아직도 기숙사에서 노총각으로 살지'라는 뒷담화를 도저히 하지 않을 수 없는 손발톱 빌런 W차장. 그가 기숙사를 떠난다면 그 방을 쓰게 될 다음 사람이 불쌍해지기까지 한다.

*최근에는 통근 버스에서 발톱을 깎는 빌런도 등장했다고 한다. 내 두 눈으로 직접 본 것은 아니지만, 목격담이 많이 나오는 것을 보면 실존하나 보다. 움직이는 버스에서 발톱을 깎을 정도라면 집중력이 대단하다고 칭찬이라도 해야 하는 걸까.

이런 빌런을 만나면 어떻게 대응해야 할까?

빌런에게 사무실에서 손발톱을 깎지 말라고 직접 이야기해봤다. 돌아온 대답은 "일하는 데 무슨 방해가 된다고 그래? 너무 예민한 거 아냐?"였다. 대부분의 빌런들이 이렇다. 자신의 행동에 무슨 문제가 있는지 모른다. 그러니 직접 이야기해서 문제를 해결하려는 것은 실패 확률이 오히려 높다.

그래서 다른 방법을 생각했다. 먼저 쓰레기통과 가장 가까운 곳으로 빌런의 자리를 옮겼다. 더욱 정확히는 빌런의 자리를 구석으로 바꾸고, 쓰레기통 위치를 그 앞으로 옮겼다. 당연히 나 혼자서는 할 수 없는 일이다. 팀장님과 사무실 전체 자리 배치를 담당하는 총무 담당자에게 도움을 구했다.

그렇다고 해서 손발톱을 안 깎는 건 아니다. 다만 쓰레기통 위치 덕분에 더 많은 사람들이 오가며 빌런의 행동을 보게 되었다. 다들 눈살을 찌푸리고 빌런의 존재를 정확히 인지했다. 그의 평판은 더더욱 안 좋아지겠지?

그래도 쓰레기통이 바로 옆에 있으니, 쓰레기는 비교적 자주 버리기는 한다.

그래도 빌런에게 배울 게 있다면?

아무리 개성을 존중하고 다양성을 인정하는 사회라고 하지만, 보편적으로 보았을 때 남에게 불쾌감을 주는 행동은 받아들이기 어렵다. 손발톱을 비롯해서 용모를 단정히 하는 것은 본인의 가치를 떨어뜨리지 않는 기본적인 매너이다.

'사무실에 개인 책상이 있다고 해서 자기 집이나 방에서 할 법한 행동을 하는 것은 잘못이다'라는 것을 말해줘도 모르는 사람들이 있다. 이것은 내가 바꿀 수 없는 일이다.

직장생활을 하다 보면 생각 외로 너무나도 당연한 공공질서나 기본적인 매너를 지키지 않는 사람들이 많다. 그들을 이해하려고 노력하지 말자. 어차피 이해할 수 없는 게 빌런들이다. 다만 그들을 바라보면서 혹시 나는 누군가에게 불쾌감을 주는 부분이 없는지 돌이켜보자.

제발 좀 씻고!
옷 좀 갈아입자 제발!

손발톱 깎기 빌런만 있는 게 아니다. 믿기지 않겠지만 일주일 내내 씻지도 않고 옷도 갈아입지 않는 노샤워(no-shower) 빌런도 있다.

17년 차 J과장. 그는 주중에 출근하는 월~금요일 5일간 샤워도 하지 않고, 항상 같은 옷만 입고 다닌다. 샤워를 안 하는지 어떻게 아느냐고? 눈곱은 달고 살며, 머리는 항상 떡지고 기름기가 번들번들하다.

같은 옷이 여러 벌 있을 수도 있지 않냐고? 어제 먹다 튄 김치

국물이 오늘도 그 자리에 그대로 남아 있는 것을 보면 옷도 안 갈아입는 게 확실하다. 일주일 내내 똑같다. 그래도 일주일에 한 번은 옷을 갈아입는 것을 감사히 생각해야 하는 걸까?

양치도 자주 안 해서 입냄새도 심하다. 이 빌런은 하필 대화할 때마다 얼굴을 가까이 들이미는 습관이 있다. 옷에서도 냄새가 나는데 입냄새까지 심하니 나도 모르게 고개를 돌린 적도 여러 번이다. 코로나19 시기에 마스크를 의무로 착용하고 사회적 거리 두기를 시행한 게 참으로 고맙기까지 했다. 업무 이야기는 화상회의나 메신저로 하고, 얼굴을 마주하고 이야기하더라도 마스크 덕분에 냄새 공격을 덜 받았으니까.

어차피 대놓고 뒷담화를 시작했으니 조금 더 직설적으로 적어보자. 저러니 진급을 못 하는 거다. 개인 위생과 상관없이 일만 잘하면 되는 것 아니냐고? 평소에 씻지도 않는 사람이 일을 잘할 리 없다. 드라마나 영화에는 지저분하지만 천재적인 재능을 가진 이들이 나오는데, 현실에는 존재하지 않는 캐릭터다. 설령 존재하더라도, 직장인으로 남아 있진 않을 것이다.

노샤워 빌런이 깨끗하게 다녔던 두 달이 있다. 결혼 전 한 달과 결혼 후 한 달이다. 이렇게 씻지도 않는 사람과 결혼하는 사람이 있다는 것이 너무 신기하다. (이런 이야기로 동료들과 뒷담화를 많이 했다. 궁금해서 안 할 수가 없다.) 분명 연애할 때도 안 씻고 만났을 텐데 말이다. 주말만큼은 씻고 만났으려나? 우리가 알 수도 없고 상관할 부분은 아니지만 이해할 수 없는 일이다.

물론 결혼하고 한 달 정도 지난 뒤에는 다시 옛 모습으로 돌아왔다. 씻지도 않고, 항상 같은 옷을 일주일 동안 입고 다닌다.

이런 빌런을 만나면 어떻게 대응해야 할까?

빌런의 생일날, 팀원들이 조금씩 돈을 모아 샤워 용품(샴푸, 바디워시 등)을 선물해줬지만 의미가 없었다. 어차피 주중에는 샤워를 안 하고 다니기 때문에 전혀 도움되지 않았다.

잘못을 깨달은 우리가 다음 해에 선택한 선물은 향수다. 절대로 그가 예뻐서 사준 것이 아니다. 우리의 코를 지키고 싶은 마음이다. 다행히 빌런은 향수가 마음에 들었는지 사무실 책상에 두고 한 번씩 뿌리곤 한다. 우리도 함께 향이 좋다며 일부러 한 번씩 더 뿌리는 능청스러움을 보이기도 한다.

아마도 향수 선물을 하면서 잊지 않고 했던 한마디에 빌런의 기분이 좋아진 것은 아닐까. 정말 말도 안 되는 상상이지만, 이 향수 덕분에 연애하고 결혼까지 이어진 것은 아니겠지?

"이 향수 여자들이 참 좋아하는 향이에요. 자주 뿌리세요."

그래도 빌런에게 배울 게 있다면?

직장이 아니더라도 기본적인 에티켓은 지키자는 것을 한 번 더 강조한다. 일을 잘하고 못하고를 떠나서 기본을 지키는 것만으로도 평균 이상의 점수는 얻고 들어갈 수 있다.

또한 남의 시선을 의식하지 말라는 것을 다른 사람에게 피해를 줘도 된다는 뜻으로 착각하지 말자. 우리는 직장인이다. 청결을 유지하는 것은 굳이 가르쳐주지 않아도 기본적으로 지켜야 할 매너다.

'이런 것도 말을 해줘야 안다고?'라는 생각이 든다면 이번 에 피소드는 빠르게 넘어가길 바란다. 다만 무엇을 상상하든 그 이 상의 빌런이 언제 어디에나 항상 존재한다는 것을 알아두자.

내 사생활을 큰 소리로
말하는 마이크 빌런

남의 일에 관심이 많은 오지라퍼(아무 일이나 참견하는 오지랖이 넓은 사람들)들은 어디에나 많지만, 주변 사람들이 다 들으라고 큰 소리로 이야기하는 빌런도 있다. 도대체 어떻게 부장으로 진급했는지 아무도 이해할 수 없는 R부장이 대표적인 사례다. 주변 사람들을 기분 나쁘게 만드는 것도 능력이라면 능력일까? 이 능력으로 부장까지 진급한 걸까?

사례1)

R부장 : 뭐야, 오늘 왜 이렇게 예쁘게 입었어? 소개팅 가?

A씨 : 아니에요. 아무 일도 없어요.

R부장 : 에이, 아닌 거 같은데. (옆 사람에게) A씨 좀 봐봐. 오늘 어디 가는 거 같지?

A씨 : 그냥 집에 가요.

R부장 : 그러지 말고 우리한테 말해봐.

사례2)

R부장 : 오늘 팀장님께서 저녁 먹자고 하시는데 C씨도 같이 갈 거지?

C씨 : 저녁에 운동이 잡혀 있어서요. PT라서 뺄 수가 없어요.

R부장 : 아, 그렇지. 팀장님보다 운동이 더 중요하지. 어서 가봐. (다음 날 모두에게 들릴 만큼 큰 소리로)

R부장 : 어제 운동 잘했어? 우리는 C씨가 없어서 밥만 먹고 갔어.

C씨 : 죄송해요. 다음에는 꼭 참석할게요.

R부장 : 우리가 C씨 운동 일정에 맞춰야지. PT 스케줄 미리 좀 알려줘.

C씨 : (팀장 들으라고 큰 소리로 말하는 건가? 나 곤란하라고?)

내가 무슨 옷을 입고 왔는지, 점심에 뭘 먹었는지, 어제는 뭘 했고, 오늘은 퇴근하고 뭘 할지는 모두 나의 사생활이다. 비밀스러운 일을 하고 다니는 것은 아니지만 큰 소리로 떠벌리는 것은 주변 사람들까지 들으라고 일부러 그러는 거겠지? 이런 빌런들은 내가 조금이라도 기분 나쁜 척하면 "에이, 왜 화를 내고 그래. 뭐 나쁜 짓이라도 하러 가는 거야?"라면서 내 기분을 더욱 나쁘게 만든다.

이런 빌런을 만나면 어떻게 대응해야 할까?

기분 나쁜 티를 내거나 오히려 화를 낸다면 빌런력은 더욱 올라간다. 본인은 친근함의 표시인데 왜 기분 나빠하냐면서 역으로 상대를 몰아세우기도 한다. 여기서 이런저런 반응을 또 보이면 빌런들은 더 재미를 느낀다. 그러니 반응을 최소화해야 한다. 그들이 일으키는 작은 손바람에 마치 태풍이라도 만난 것처럼 흔들리면 안 된다.

가장 좋은 것은 처음부터 빌런들의 재밋거리, 소재거리가 되지 않는 것이다. '네, 아니오'와 같은 단답형 대답이나 무엇을 물어보든 '잘 모른다, 일이 있다'라며 말끝을 흐리는 것도 방법이다. 계속 귀찮게 물어봐도 큰 동요 없이 일관되게 소극적인 반응을 보여주자. 업무와 관련된 게 아니라면 더더욱 말이다. 한두 번은 말이 짧다며 나를 더욱 몰아칠 수도 있지만, 여기서도 반응이 없으면 빌런은 쉽게 흥미를 잃고 다른 먹잇감을 찾으러 간다.

이런 빌런들은 본인처럼 사냥을 좋아하는 한두 명의 다른 빌런들과 함께 무리를 지어 다니기도 한다. 먹잇감을 한번 고르면 그 옆에서 '이거는 어떻고, 저거는 어떻고' 하며 틈을 주지 않고 상대를 괴롭힌다. 이렇게 빌런 무리가 내 주변으로 온다면 빨리 자리를 피하자. 화장실을 가거나 급하게 전화하는 척 자리를 피하자. 그렇지 않으면 시간 가는 줄 모르게 시달릴 것이다.

그래도 빌런에게 배울 게 있다면?

비슷한 종류의 빌런들이 많아서 중복되는 내용이지만, 부디 다른 사람의 사생활에는 관심을 두지 말자. 상대가 먼저 말하지 않는 한 굳이 사생활을 묻지 말자. '이런 거 물어봐도 될지 모르겠는데', '걱정돼서 하는 이야기인데'라는 식으로 시작하는 대화는 아예 꺼내지 마라. 상대가 정말 필요하다면 먼저 이야기를 꺼낼 것이다. 나에게 말하지 않는 이야기를 다른 사람과 나눈다면 나와는 그 정도의 친분만 있는 것이다. 나 살기 바쁜 인생이다. 괜한 오지랖 부리지 말고 '나' 스스로나 잘하자.

또한 빌런에게 누군가 당하고 있는 것을 보더라도 빌런의 악행에 동참하지 말자. 빌런에게 한두 번 맞장구를 쳐주고 대꾸해주면, 빌런은 나를 발판 삼아 더더욱 빌런력을 높이려 한다. 그리고 언제든지 그 화살이 나에게 돌아올 수도 있다.

모두 보고 듣는 곳에서 특정인에 대해 이야기하는 것, 특히 상대방이 모욕감을 느낄 수 있는 이야기를 하는 것은 직장 내 괴롭힘으로 이어질 수 있다. '재미있자고 농담한 거다'라는 핑계가 더 이상 통하지 않는 시대다. 그러니 뒷담화를 할 때 하더라도 남들이 보지 않는 곳에서 친분이 있는 동료하고만 하자.

여기가 회사야,
물리치료실이야?

　직장인이라면 부러워할 만한 복지 중 하나는 회사 내에 병원이 있다는 것이다. 심지어 물리치료실도 있다. 동네 병원이나 한의원 부럽지 않게 실력 좋은 선생님들과 깔끔한 시설이 완벽하게 갖추어져 있다. 이런 회사의 좋은 복지를 기분 좋게 활용하는 것을 넘어서, 악용하는 사례들이 가끔씩 나온다.

　대표적인 사례가 20년 넘게 회사에 다니고 있는 W부장이다. 그는 현실적으로 팀장이나 부서장 같은 직책을 맡지 못하는 상황이 되었다. 오랜 회사생활 동안 그에게 어떤 일이 있었는지는 정확히 알지 못할뿐더러 알고 싶지도 않지만, 결과적으로는 더 이상의 승진 경쟁에서는 밀려났다. 그 후로 그는 업무시간에 종종 자리를 비우곤 했는데, 다들 눈치 보느라 쉬이 말을 꺼내지 못했다.

그런 그가 업무시간의 절반을 물리치료실에서 보내고 있다는 것을 얼마 전에 우연히 알게 됐다. 최근에 교통사고를 당해서 하루에 1시간씩 물리치료를 받기 시작한 P사원이 알려줬다. P사원은 본인처럼 매일 몇 시간씩 물리치료실에 있는 W부장이 궁금해졌다. 본인은 교통사고를 당해서 치료를 받는 것이지만, W부장은 너무나도 멀쩡해 보였기 때문이다. 궁금함을 참지 못했던 P사원은 W부장에게 어디가 아픈지, 사고를 당한 것인지, 어떤 보험을 들었는지 이것저것 질문했다. 이렇게 매일 물리치료를 받을 정도라면 몸이 많이 안 좋은 것 아니냐는 질문도 빠뜨리지 않았다.

W부장은 당황하더니 답을 얼버무렸다. 그렇게 항상 사라지던 W부장의 행방을 모든 사람이 알게 되었고, 그는 경고성 징계를 받은 것으로 알려졌다. (정확한 징계 여부는 사내에서도 보안 영역이므로 알지 못한다.)

이런 빌런을 만나면 어떻게 대응해야 할까?

P사원은 악의 없이 순수한 궁금증에서 W부장에게 직접 물어본 것이지만, 그와 같은 선배에게 쉽사리 뭔가를 묻기는 어렵다. 그렇다고 해서 일을 전혀 하지 않고 하루 종일 자리를 비우는 그의 행동을 보고만 있자니 화가 나는 것도 사실이다. 이럴 경우 나만의 체크노트를 만드는 것이 하나의 방법이다. 근태와 관련된 행동들, 업무 태도가 너무나도 불성실한 행적을 조금씩 기록해두는 것이다.

직장인들이 알아야 하는 회사의 절대 법칙이 있다. 회사에 유일하게 존재하지 않는 단 한 가지가 '비밀'이다. 빌런이 남들 모르게 무슨 일을 하든 쳐다보는 눈은 어디에나 있고, 어떻게든 관련 부서나 직책자에게 전달된다. 시기의 차이는 있지만 완벽한 비밀은 존재하지 않는다. 이럴 때 나의 체크노트가 적절한 증거로 활용될 수 있다. 특히 요즘은 사원증이나 지문 인식으로 출퇴근을 관리하는 회사가 많고, 심지어 건물이나 층별 이동도 확인할 수 있다. 회사 차원에서는 외부인의 출입을 제한하는 보안 용도라고 하지만, 필요할 경우 직원들의 동선을 파악하는 데 활용할 수도 있다. 그러니 체크노트에 간략하게 빌런의 기록만 남겨둔다면 언젠가 반드시 빌런 퇴치에 도움이 된다.

주의해야 할 것이 있다. 이런 일은 나에게도 매우 위험한 행동이 될 수 있으니 매일매일 분 단위로 자세히 기록해서는 안 된다. 자칫 근무시간에 일은 안 하고 다른 사람의 행동만 관찰했다는 오해를 받을 수도 있다. 체크노트는 나만 볼 수 있게 관리하고 친한 동료에게도 알리면 안 된다. 빌런 때문에 도저히 참지 못하고 터뜨려야 하는 순간에만 사용하자.

그래도 빌런에게 배울 게 있다면?

복지는 좋은 인재를 끌어들이는 여러 가지 정책 중 하나다. 그래서 최근에 회사들은 단순히 연봉만을 높이는 것이 아니라 다양한 복지제도를 늘리고 있다. 이런 복지 내용을 동종업계 간에 비교해놓은 요약본도 쉽게 찾아볼 수 있다.

그런데 회사에서 제공하는 복지 혜택을 너무나도 당연하게 생각하는 사람들이 늘어나고 있다. 복지 혜택을 올바르게 사용하는 것이 회사와 직원들이 지켜야 할 약속이다. 본인의 권리만 누리려 하지 말고 해야 할 의무를 다해야 한다. W부장처럼 기본적인 업무는 하지 않으면서 복지만을 챙겨가려는 행동은 하지 말아야 한다.

회사에 첫 출근했을 때의 넘치던 의욕도 시간이 지날수록 자연스럽게 줄어든다. 어느 순간부터는 요령을 피우고, 좋은 것만 누리려는 것 또한 자연스러운 본성이다. '직장인들은 다 똑같지, 뭐'라는 생각을 할 때쯤 얼마 전 회사를 그만두고 자기 사업을 크게 이뤄낸 동료의 소식을 듣는다. 나도 저 사람이랑 같은 회사에서 일했으니, 나 또한 저 사람처럼 될 수 있을 거라는 착각에 빠진다. 좋은 아이템만 있다면 나도 할 수 있을 것 같다.

하지만 회사에서 받는 월급만큼의 일도 하지 않는 사람이, 최소한의 의무도 다하지 않는 사람이 회사 밖에서 자신의 일을 제대로 할 수 있을까? 착각하지 말자. 회사를 위해서 충성하라는 뜻이 아니다. 스스로에게 창피하지 말자는 것이다.

회사 물품을 조금은
가져가도 되지 않을까?

회사의 복지를 악용하는 또 다른 사례를 살펴보자. 회사는 업무에 사용하는 다양한 사무용품과 가볍게 먹고 마실 수 있는 간식들을 제공한다. 볼펜, 샤프, 포스트잇, 공책, 물티슈 같은 기본적인 사무용품부터 커피, 티백, 사탕, 과자까지 다양하다. 사소한 것이라고 느낄 수도 있고 당연히 제공해야 하는 것 아니냐고 할 수도 있지만 어쨌든 좋은 복지 중 하나다. 내가 사려면 그만큼 돈이니 말이다.

취미도 많고 두 자녀의 학부모이기도 한 M과장. 그의 책상은 항상 사무용품으로 가득하다. 수납공간이 있는 모니터 받침대에 가득한 연필, 모니터 옆에 빼곡히 붙어 있는 다양한 크기의 포스트잇, 필통에는 4색 볼펜과 형광펜이 가득하다. 팀 내에서 알파문고라는 별명이 괜히 붙은 게 아니다. 물론 모든 물건은 내 돈내산(내 돈 주고 내가 산 것)이 아닌 회사에서 제공하는 것들이다.

그는 회사에서 제공하는 사무용품을 한두 개씩 챙겨서 아무렇지 않게 집으로 가져간다. 직원들에게 가장 인기가 많은 4색 볼펜, 형광펜, 포스트잇은 몇 개를 가져갔는지 셀 수 없을 정도다. 공책과 클립파일도 심심치 않게 챙겨간다. 아마도 자녀들이 사용하지 않을까 싶지만 자세한 건 알 수 없다. 심지어 보온병을 챙겨와 퇴근할 때 커피를 받아서 가기도 하고, 커피믹스도 몇 개씩 챙겨간다. '어차피 내가 회사에서 쓰는 거나 집에서 쓰는 거나 뭐가 달라?'라는 식이다.

그는 지금도 여전히 본인의 잘못을 모르고 있다.

이런 빌런을 만나면 어떻게 대응해야 할까?

회사 용품 중에 무엇을 얼마나 가져가는지 하나하나 확인할 수는 없다. 나도 바쁘고 빌런이 정말로 개인적으로 가져가는지 알 수도 없다. 하지만 물리치료 빌런처럼 내가 확인하는 것들이 있다면, 그리고 언젠가 빌런을 응징하고 싶은 마음이 크다면 체크노트에 하나씩 기록해두자.

아니나 다를까, 회사 내외의 익명 게시판에 해당 빌런을 목격했다는 글과 댓글이 여러 번 올라왔다. 이렇게 회사의 모든 곳에 눈과 귀가 있다는 것을 다시 한 번 강조한다. 한두 명의 목격담이 아니라면, 담당 부서에서도 모른 척 넘어갈 수가 없다. (역시나 가장 깔끔한 빌런 처치법은 내 손을 더럽히는 것이 아니라 담당 부서에서 처리하게 만드는 것이다.)

이런 빌런들은 보통 다른 사람들의 책상에 놓인 물건을 사용하고 제자리에 두지 않기도 한다. 항상 내 책상 같은 자리에 있던 가위나 커터칼이 사라졌다면 빌런이 가져갔을 확률이 높다. 심지어 책상 위에 놓인 남의 다이어리를 읽고 소문을 퍼트리는 빌런도 있다. 빌런들은 보통 여러 가지 빌런의 모습을 동시에 지니고 있다. 그러니 내 주변에 이런 빌런이 있다면 업무용 다이어리를 포함해 중요한 물건들은 항상 책상 서랍에 넣어두는 습관을 기르자.

그래도 빌런에게 배울 게 있다면?

회사에서 비싸지 않은 물건들을 챙겨가는 것을 소확행(소소하지만 확실한 행복)이라고 말하는 것은 잘못이다. 실상은 소확횡(소소하지만 확실한 횡령), 즉 범죄다. 볼펜 한 자루, 커피믹스 한두 개를 가져가는 것으로 회사가 직원을 고소하거나 징계 처리를 하지는 않겠지만, 꼬리가 길면 밟히고, 바늘 도둑이 소 도둑 되는 법. 어떤 형태로든 적절한 조치가 이어질 수 있다는 것을 알아야 한다. 게다가 이런 행동 하나하나가 나에 대한 신뢰를 바닥으로 떨어뜨린다. 겉으로는 아무 말 하지 않더라도, 다들 마음속으로는 뒷담화를 하고 있다.

우리 직장인들! 치졸해지지 말자. 모두 엄청난 월급을 받는 건 아니지만 회사 밖에서 사용할 볼펜 한 자루, 포스트잇 한 장, 커피 한 잔 사 먹을 돈이 없을 정도로 못 버는 것은 아니다.

사고 치고 그냥
정시퇴근해버린 신입사원

최악의 신입사원 투표를 하면 항상 1, 2위를 다투는 유형이 본인의 행동에 책임지지 않는 부류다. 물론 신입사원이기에 아직은 업무에 미숙해서 실수하거나 잘못된 결과를 도출하는 것은 이해할 수 있다. 함께 일하는 동료들도 충분히 감안하는 부분이다. 하지만 책임감 없는 모습은 용납하기 어렵다.

사용률이 80%가 넘을 정도로 여러 부서에서 사용하는 중요한 실험 장비가 있다. K사원은 이 장비에 사용하면 안 되는 재료를 넣었고 그 결과 장비 전체가 손상되고 말았다. 이해를 돕기 위해 쉽게 설명하자면, 라면을 끓이는 데 물이 아니라 휘발

유를 넣은 상황이다. 평소라면 선배들에게 물어보고 진행했겠지만, 꼭 그러지 않았을 때 사고가 터진다.

문제의 재료는 바로 폐기했지만, 더 큰 문제는 이미 오염된 장비다. 장비를 사용하지 못하게 되면서 관련된 여러 팀의 업무도 멈췄다. 우리 팀은 다른 업무를 모두 중단하고 가능한 빨리 사고를 해결해야 한다. 긴급하게 수리를 진행하고 장비를 시운전해서 3~5가지의 기초 평가 결과까지 확인해야 정상 여부를 판정할 수 있다. 그사이 피해를 본 다른 팀들에게 전화도 하고 공식적인 메일도 써야 한다. 장비에 문제가 발생해서 긴급 수리 중이고 예상 복구 시간은 몇 시이니 그에 맞게 일정 조율을 요청하는 것이다. 의기소침해 있는 신입사원에게는 이런 것도 경험이라며, 누구든 한 번씩 실수할 수 있으니 너무 기죽지 말라며 다독여주기도 한다.

정시 퇴근은 18시. 장비 평가 결과는 19시 30분에 나온다. 이런 경우 평가 결과가 정상인지 확인하고 퇴근하는 것이 당연하다. (설마 아니라고 생각하는가?) 아무도 원하지 않는 갑작스러운 야근이지만, 더 늦어지지 않는 것에 감사할 일이다. 그리고 혹시라도 평가 결과 불량이 나오면 후속 조치를 취해야 추가적인 일정 지연을 최소화할 수 있으니 기도하는 마음으로 결과를 기다린다.

하지만 18시가 되자 본인의 잘못으로 멈춰 있는 장비를 내버려둔 채 K사원은 자리를 비웠다. 의기소침해 있으니 잠시 바람을 쐬러 갔거나 저녁 식사를 하고 돌아올 줄 알았는데, K사원은 말도 없이 퇴근한 것이었다. 남은 뒤처리는 나와 다른 동료들이 해야만 했다. 그리고 기숙사에 살고 있는 K사원은 그날 저녁에 끝내 전화를 받지 않았다.

이런 빌런을 만나면 어떻게 대응해야 할까?

책임감도 역량 중에 한 부분으로 볼 수 있기에 강요한다고 되는 부분이 아니다. 그럼에도 불구하고 함께 일해야 하는 상황이라면 2가지를 명확히 이해시키고 동의를 얻어내자.

먼저, 업무의 정확한 목표와 기간을 제시해야 한다. 이 일을 왜 하고 있고, 언제까지 해야 하는지를 상대가 직접 설명할 수 있도록 가르쳐보자. 다음으로 이 일을 제때 끝내지 못했을 때 입을 피해와 손해를 금액으로 알려주자. 돈으로 보여주는 게 가장 효과적인 방법이다.

위 사례의 경우, 장비가 멈췄을 때 시간당 감소하는 제품 생산량과 그만큼의 손실 금액을 K사원에게 알려준다. 그러면 장비를 가장 빠른 시간에 정상화해야 한다는 명확한 목표를 심어줄 수 있다. 장비 평가 결과가 언제 나오는지는 선배들이나 다른 동료들도 함께 확인하지만 K사원이 직접 확인하도록 하는 것도 필요한 방법이다.

이렇게까지 해도 안 된다면? 회사는 일의 과정과 결과로 개인의 성과를 평가하는 곳이니, 좋지 않은 인사평가를 받을 수밖에 없다.

그래도 빌런에게 배울 게 있다면?

일하다 보면 누구나 크고 작은 사고를 일으킬 수 있다. 예상치 못했던 안 좋은 결과로 회사에 피해를 끼치기도 한다. 누구나 그럴 수 있다. 모든 상황이 당황스럽고 의기소침해지고 할 수만 있다면 시간을 되돌리고 싶은 순간이 누구에게나 온다. 비난과 질책을 직접 듣기도 하고 뒤에서 수군대는 사람들도 여럿 있다. 해결하고 싶지만 정작 어떻게 수습해야 할지 몰라서 식은 땀을 흘리며 발만 동동 구른다.

그러나 어떤 사고든 수습할 방법은 분명히 있고 나를 도와줄 수 있는 동료들도 반드시 있다. 낙담은 나중에 하고 사고를 수습하는 것이 최우선이다. 가장 먼저 본인 팀의 직책자들에게 사실을 알리고, 비슷한 유형의 사고가 있었는지 찾아보면서 경험이 많은 선배들에게 도움을 구하자.

그리고 모든 일이 수습된 후에는, 이번 사고 경험을 매뉴얼로 만들어두자. 무슨 이유로 사고가 발생했는지, 그래서 어떤 결과가 생겼는지, 처리는 어떻게 했는지, 또다시 비슷한 사고가 일어나지 않도록 어떤 준비를 하고 있는지 모두 기록해두자. 하나씩 쌓이는 모든 경험이 본인과 회사 모두에게 자산이 된다.

책임감이라는 것은 엄청난 무언가에서 출발하는 것이 아니다. 내가 물을 엎질렀다면 다른 사람이 아니라 내가 그걸 닦는 것이 책임감의 시작이다. 다른 누군가가 대신 닦아준다면 옆에서 돕거나 그것도 아니라면 고마움을 표현하는 것이 기본이다.

가장 기본적인 것조차 하지 않는 사람에게는 더 중요한 일들을 맡길 수 없다. 오히려 나한테 일을 안 주면 좋은 것 아니냐고? 글쎄, 이 또한 개인의 선택이겠지만 그런 마음으로 과연 무엇을 할 수 있을까? 직장생활에 한정된 이야기가 아니다.

낮에는 놀고 밤에 일해서
수당 받아 가네?

두 아이의 아버지인 J과장. 집에서 육아를 하기가 힘들다는 이야기를 입에 달고 산다. 차라리 회사에 있는 게 편하다며 한두 번 야근을 시작하더니 이제는 매일같이 야근이다. 회사에서는 육아 스트레스에서 해방되어 좋다고 하면서, 아내에게는 (야근을 강요한 적도 없는) 회사와 직장 상사의 욕을 한다. 본인도 아이들이 보고 싶고 육아도 함께 하고 싶지만 회사에서 시키는 대로 해야지 어떻게 하겠냐는 핑계를 대면서.

J과장은 오늘도 어차피 야근할 거고, 일이 많다는 핑계로 주말에도 출근할 생각에 점점 평일 근무시간에는 일을 하지 않기

시작했다. 하루에도 몇 번씩 흡연장을 가고, 커피를 마시고, 휴게실을 가고, 인터넷 서핑을 한다. 본인이 참석해야 하는 회의도 한두 번 빠지더니 언제부터인가 후배들에게 넘긴다. 사무실 자리에 있는 시간이 없으니 함께 일하는 옆 팀의 불만도 늘어난다.

우리는 서둘러 하루 일을 마치고 1분이라도 빠른 퇴근을 꿈꾼다. 하지만 굳이 하지 않아도 되는 야근으로 시간 여유가 생기면 할 일을 끝까지 미룬다. 그리고 모두 경험해서 알고 있듯이 한 번 미룬 일은 더더욱 하지 않게 된다. 안 하는 걸 넘어서 하기가 싫어진다. 그러니 야근 시간은 더더욱 길어지고 주말에 출근하는 날도 늘어난다. 이렇게 악순환이 반복된다.

회사는 야근하는 직원들을 위한 저녁식사도 제공한다. J과장은 혼자 밥 먹는 게 심심해서 후배들에게 저녁 먹고 퇴근하자는 이야기를 자주 한다. 후배들은 본인이 잘못한 것도 없는데 괜히 거절하는 것에 불편함을 느낀다. 초과근무수당과 주말근무수당도 지급된다. 월급날마다 본인 월급이 늘었다며 자랑하는 J과장의 모습이 점점 더 얄미워진다.

J과장의 근무시간이 늘어나다 보니, 자세한 내막을 알지 못하는 경영진은 'J과장에게 일이 집중된 것 같은데 업무 재분배를 고려하라'는 이야기를 한다. 옆에 있는 우리의 속은 더더욱 타들어 간다.

이런 빌런을 만나면 어떻게 대응해야 할까?

회사 물품을 자기 것처럼 가져가는 빌런보다 더욱 악독한 빌런이다. 비윤리적으로 임금을 더 받아가는 행동이기 때문이다. 포스트잇이나 볼펜 한두 자루와는 차원이 다른 문제다. 이런 빌런하고는 괜히 엮이지 말자, 멀리해야 한다. 빌런의 끊임없는 요구에 같이 저녁을 먹는다 하더라도 나는 초과근무수당을 받지 말아야 한다. 물론 진짜 업무가 많아서 야근한 경우라면 당연히 예외다.

야근수당이라 불리는 초과근무수당을 비윤리적으로 받는 경우 당연히 인사팀이나 감사팀에서 나선다. 모든 회사는 이를 징계 사유로 삼을 수 있고 심한 경우 징계 해고도 가능하다. 이런 우리의 바람과 달리 안타깝게도 회사의 분위기가 좋은 경우라면, 영업실적이 좋거나 성과급이 나올 만큼 매출액이 증가한 경우라면 크게 문제 삼지 않을 수도 있다. 이럴 때는 나도 모르게 빌런이 부러워질 수 있다. 회사에서 딱히 하는 것 없이 앉아 있으면서, 매달 더 많은 월급을 받으니 나도 똑같이 해볼까 하는 유혹이 들 수도 있다.

하지만 회사의 상황이 조금만 나빠지면 이렇게 비윤리적인 행동을 하는 빌런부터 찾아낸다. 징계 처리를 하는 것이 가장 쉽기 때문이다. 9시 뉴스에 임금 부당 수령 기사가 종종 나오는 것을 보면 이런 부류의 빌런들이 많다는 생각도 든다.

우리는 이런 빌런과 가능한 거리를 둬야 한다. 빌런을 따라서 부당한 초과근무수당을 받고 싶은 마음이 들 수도 있다. 개인적인 친분은 유지할 수 있지만, 친하게 지낼수록 괜한 오해를 받을 수 있다.

그래도 빌런에게 배울 게 있다면?

직장생활을 할 때 찾아오는 터닝포인트는 인사평가와 진급,

동료들의 이직과 퇴사 등이 있다. 그리고 결혼과 출산, 부모상 등 가족의 경조사와 같은 개인적인 일도 직장생활에 영향을 준다. 직장생활을 하면 '369고비'가 온다고 하는 이유도 이 모든 일들이 해당 시기쯤 찾아오기 때문이다.

좋은 터닝포인트로 작용하면 책임감이 늘어나 회사와 사생활 모두 더욱 열심히 하지만, 반대로 지치고 힘들어 무기력감에 내려놓는 경우도 많다. J과장 역시 출산으로 인한 육아 스트레스 이외에 다른 개인적인 일도 복합적으로 작용해서 힘이 빠진 게 아닌가 싶다.

평소에 열심히 하던 사람들도 어떤 이유로든 한두 번 일을 미루다 보면 계속 늘어진다. 그리고 늘어지다 보면 이 생활에 젖어서 일을 점점 더 안 하게 되고, 그동안 좋았던 평판도 조금씩 사라지게 된다. 이런 식으로 S급 인재가 B급, C급으로 추락하는 것을 수도 없이 보아왔다.

그럴 수도 있다. 그동안은 나의 우선순위가 회사였다 하더라도, 언제든 바뀔 수 있다. 어떤 선택을 하든 잘못이 아니다. 개인의 선택이다. 무엇이 옳고 그른지 평가할 수도 없고 정답도 없다. 그러나 이 선택의 결과 역시 본인의 몫이니, 향후 목표에 따라 방향을 잡고 행동하자.

사무실은
시장바닥이 아니잖아요

코로나19 이후로 대기업들을 포함한 많은 회사에서 재택근무와 더불어 '공유 오피스' 제도를 시행하고 있다. 공유 오피스란 기존에 고정된 근무지를 벗어나 각 지역별 주요 지점에 사무실 공간을 매매 혹은 임대해서 근무 공간으로 활용하는 새로운 업무 환경을 말한다. (회사별로 부르는 명칭이 조금씩 다를 수 있다.) 항상 정해진 사무실로만 출근해야 했던 기존의 직장생활과 다르게 자신의 일정과 상황에 맞춰 자유로운 근무지 선택이 가능하다. 하지만 장점이 있으면 당연히 단점도 있는 법.

평소에도 목소리가 커서 100m 밖에서도 들릴 것 같은 K차장. 본인 집 근처에 공유 오피스가 생기자 일주일에 한두 번은 꼭 그곳으로 출근한다. 문제는 그가 참석하는 회의 때마다 일어난다. 공유 오피스에 회의실 공간이 따로 있지만, 움직이기 귀찮다는 핑계로 자리에서 원격으로 회의에 참석한다. 그러고는 평소 사무실이나 회의실에서 하는 것처럼 큰 목소리로 이야기한다. 주변 사람들에게는 너무나도 심한 방해가 된다. 다 같이 공부하는 도서관에서 혼자 큰 소리로 전화 통화를 하는 것과 같은 상황이다.

그뿐만 아니라, K차장은 사적인 통화도 사무실 자리에서 큰 소리로 떠드는 빌런의 행동을 저지른다. 가족과 통화, 고객센터와 통화, 오늘 저녁에 가려는 식당 예약 등으로 하루에도 여러 번 주위 사람들의 집중력을 깨뜨린다. 일주일에 한두 번 반복되는 상황에 어느새 K차장은 그곳에서 유명 인사가 되었다. 시간이 조금 더 지나자 사내 익명 게시판에도 그의 빌런 행동이 거론되기 시작했다.

가만히 있던 나도 피해를 본다. K차장과 같은 팀이라는 이유로 주변에서 K차장 좀 조용히 시켜달라는 이야기를 여러 번 들는다. 원래 빌런에게 직접 이야기하는 것보다 주위 사람들에게 이야기하는 것이 더 편하다. 왜? 빌런에게는 말해도 안 통하니까. 그리고 괜히 엮이면 다른 빌런 짓을 할 것 같은 두려움도 있으니까.

이런 빌런을 만나면 어떻게 대응해야 할까?

기존 사무실에서도 주변에 피해를 주지만, 공유 오피스와 같은 제3의 공간에서 더욱 강력한 빌런이 되는 가장 큰 이유는 눈치 볼 사람이 없기 때문이다. 물 만난 고기처럼 더욱 자기 마음대로 행동한다. 사무실은 팀장 혹은 임원처럼 상사들이 있으니 그나마 신경 쓰지만, 공유 오피스에는 서로 알지도 못하는 불특정 다수의 직원들만 있기 때문에 빌런의 행동은 더욱 거침없다.

그러니 우리는 해당 장소에서 권력자를 찾아야 한다. 공유 오피스도 회사의 자산 구역이기 때문에 관리하는 담당자가 반드시 있다. 그 직원에게 이 사실을 알리자. 한두 번이 아니라 지속해서 문제를 일으키고 있다고 정확한 사실(fact)만 말하자. 이런 경우 바로 조치가 일어나기보다 담당자의 모니터링이 먼저 진행된다. 계속해서 빌런의 행동에 변화가 없다면 직책자에게 따로 연락하고, 심할 경우 공유 오피스 사용 금지의 제재가 가해지기도 한다.

관리 담당자는 안 좋은 민원을 주로 받는다. 회사 안에서 감정노동을 담당하고 있으니 이들에게 화풀이를 하는 직원들도 있다. 그들에게 화풀이를 하는 것은 안 된다. 빌런을 알리려다 본인이 빌런으로 낙인찍히는 길이다. 해결이 늦어지는 경우도 있다. 관리자들은 절차와 규정에 맞춰 진행하는 만큼 시간이 걸리기도 한다. 각자의 위치에서 좋은 근무 환경을 만들기 위해 노력하는 만큼 빌런이 아닌 직원들끼리 서로 얼굴 붉히는 일은 없도록 하자.

그래도 빌런에게 배울 게 있다면?

공유 오피스는 다양한 부서 사람들이 모여서 일하는 업무 공간이다. 휴게실이 아니라 기존의 사무실과 같은 공간이니 큰 소리로 떠들지 않는 기본적인 에티켓이 필요하다. 너무나도 당연한 이야기인데도, 이것을 지키지 않는 사람들이 생각보다 많다.

통화는 사무실이 아닌 공간에서, 부득이한 상황이라면 작은 목소리로 용건만 간단히. '나 한 명쯤은', '한두 번쯤은 큰 문제 없겠지'라는 생각이 잘못된 것이다. 우리 모두 내로남불('내가 하면 로맨스, 남이 하면 불륜'이라는 뜻의 신조어로 자신에게만 관대함을 이른다)은 하지 말자.

뒷정리를 하는 것도 기본이다. 공유 오피스에 있는 사무용품은 내 것이 아니어서 그런지 자리 정리도 안 되어 있고 고장 난 물품도 종종 있다. 책상에 쏟은 콜라 자국과 끈적이는 키보드, 깜빡거리는 모니터, 높이 조절이 안 되는 의자. 누가 그랬는지 알 수 없지만 저런 자리에 앉으면 기분도 상하고 일을 할 수도 없다. 분명 내가 사용하기 전에 누군가 앉았을 텐데 어떻게 일을 한 건지 모르겠다. 나부터 뒷정리를 잘하자. 고장 나거나 파손된 게 있다면 그냥 넘기지 말고 관리자에게 알려 수리나 교체가 되도록 하자. 다음 사람을 위한 배려이고 다음에 다시 이용할 나를 위한 준비다.

추가로 하나 더. 누군가는 꼰대라 생각할 수 있겠지만, 본인이 반드시 참석해야 하고 결정을 해야 하는 회의가 많은 날이면 가능한 기존 사무실로 출근하자. 아무리 시대가 변하고 시스템이 잘 갖추어졌다 하더라도, 서로 얼굴을 마주 보며 설명하고 설득하고 이해하는 것이 빠르고 정확한 의사 결정에 도움이 된다. (냉정하게 생각해보자. 본인이 비대면 온라인으로 회의를 진행할 때, 대면 회의만큼 다른 사람들의 말에 집중하게 되던가? 그렇다면 미안하다.)

회사 워크숍을
개인 카드로 가자고요?

    회사마다 조금씩 다를 수 있지만, 이 회사는 1년에 두 번(봄과 가을) 팀별로 워크숍 비용이 지급된다. 최근 몇 년 동안은 코로나19 상황으로 인해 배달 앱이나 음료 쿠폰을 나눠주고 비대면 행사(랜선 회식 등)를 진행했다. 하지만 코로나 엔데믹을 선언하자마자 바로 체육행사를 진행하거나 단체로 영화나 공연을 보러 다니는 등 기존의 워크숍으로 돌아왔다.

    코로나 엔데믹을 선언한 2023년, 팀원들의 의견을 모아 워크숍으로 용인에 있는 놀이동산을 다녀오기로 했다. 신입사원들은 취업 전후로 놀이동산이 오랜만이고, 워킹맘과 워킹대디들도 아이들 없이 편하게 소풍을 다녀올 수 있다는 생각에 만장일치로 결정됐다. 당연히 자유이용권 구매부터 점심식사까지 모두 회사에서 지원되는 워크숍 비용으로 예산을 세웠다. 부족한 비용은 팀별로 제공되는 별도의 법인 카드로 메우기로 했다.

그러나 여기서 회삿돈을 아껴야 한다는 '할인 빌런' H부장이 등장했다.

"회삿돈을 그렇게 너네 마음대로 펑펑 쓰니? 단돈 천 원이라도 아껴야지. 다들 신용카드로 할인받을 수 있잖아? 자유이용권은 개인 카드로 할인받고 돈 아끼자."

직장인들은 회사에서 진행하는 단체행사는 어떤 것이든 안 하는 게 제일 좋다고 생각한다. 그래도 1년에 한두 번 하는 행사는 다들 기분 전환도 할 겸 즐기려는 마음이 있다. 심지어 이번 워크숍은 코로나19로 몇 년간 사무실에서 마스크를 끼고 일하느라 고생한 우리에게 주는 선물이기도 하다. 그런데 개인 카드 사용을 강요하는 H부장 때문에 분위기는 급속도로 나빠졌다.

이런 빌런을 만나면 어떻게 대응해야 할까?

빌런들은 자신이 내뱉는 말과는 다른 행동을 할 때가 반드시 있다. 이 기회를 놓치지 말고 적당히 무안을 주자. 빌런들이 당황하는 표정을 구경하는 재미도 제법 쏠쏠하다.

회삿돈을 아껴야 한다는 H부장은 회식 때는 꼭 본인의 말과는 다른 행동을 한다. 법인 카드를 사용하는 점심이나 저녁 식사 자리에서 가장 비싼 음식을 여러 개 시키고 꼭 남기는 것이다. 이런 절호의 기회를 놓치지 않고 나는 H부장에게 똑같이 말해줬다. 비꼬는 목소리 톤이 아니라 평소처럼 자연스러운 목소리 톤으로.

"어? 부장님, 음식 남기셨어요? 이게 다 회삿돈인데 남기시면 안 되죠."

주의할 것은 다른 영역으로 확장해서 넘어가면 안 되고, 빌런이 했던 말을 그대로 해야 한다. 그렇지 않으면 '내가 언제 그랬냐', '지금 나한테 해보자는 거냐'며 버럭 화를 내는 것이 빌런들의 보편적인 특징이다.

그래도 빌런에게 배울 게 있다면?

좋든 싫든 회사에서 진행하는 모든 행사에 개인 비용을 강요해서는 안 된다. 생일을 맞은 동료에게 친분이 있는 동료들끼리 조금씩 회비를 모아 선물을 사주는 정도는 문제가 되지 않는다. (요즘은 직책자에게 선물하는 것을 주의해야 한다. 대가를 바란 뇌물로 오해받을 수 있다.) 이외에 팀이나 회사 차원에서 진행하는 공식적인 행사는 회사 비용으로만 처리해야 한다.

본인이 팀장이거나 총무 혹은 행사를 기획하는 담당자라면 더더욱 명심하자. 비용이 모자란다면 회사에서 예산을 확보할 수 있는 다른 방법을 찾아야 한다. 개인에게 비용을 지불하게 해서는 안 된다. 그래도 비용이 모자란다면 예산 안에서 할 수 있는 행사로 변경하거나 취소를 검토해야 한다.

너의 취미를
나에게 강요하지 말라

직장인이라면 취미활동을 하는 것은 당연히 좋다. 직장생활을 하다 보면 어느 순간 '집-회사'만을 반복하는 삶을 살고 있는 나 자신을 발견한다. 이럴 때 '내가 무엇을 위해 이렇게 살고 있는 거지'라는 생각이 자연스럽게 들면서 직장인 권태기가 빠르게 올 수 있다. 그러니 '집-회사' 사이에 나의 취미생활 하나를 넣는 것은 쳇바퀴처럼 굴러가는 내 삶에 스스로 주는 재밌는 선물이다.

여러 종류의 취미가 있지만, 코로나 이후에는 특히 운동을 즐기는 직장인들이 많이 늘었다. 헬스, 필라테스, 등산, 러닝, 테니스, 골프 등 건강한 취미를 즐기는 동료들을 주변에서 심심치 않게 볼 수 있다. 이 중에서 골프와 테니스를 즐기는 동료들은 유독 주변 사람들에게 권유를 많이 한다. 좋은 운동인 것도 맞고, 직장생활을 하다 보면 언젠가는 배워야 한다는 이야기도 맞고, 함께 하면 더욱 재미난 것도 맞다. 하지만 모든 일이 그렇듯 선을 넘을 정도로 지나치게 강요하는 것이 문제다.

S과장은 골프 경력만 20년이 넘는 준프로급 실력을 지닌 아마추어 골퍼다. 아는 지식도 많고 주변에는 골프를 함께 즐기는 동료들도 많이 있다. 이들은 무리를 지어서 아직 골프를 한 번도 접하지 않은 다른 동료들에게 지속적으로 골프를 강요한다. (권유가 아니라 강요라고 표현한다.) 동료의 집 주변 스크린 연습장은 어디에 있고 가격은 얼마인지, 실내 연습장은 어디가 좋은지, 심지어 골프복과 골프채는 어느 것을 사야 하는지 본인들이 하나부터 열까지 알아봐주겠다고 한다. 골프에 관심 있거나 이제 막 골프를 시작한 골린이(골프+어린이, 골프 초보자를 이르는 말)에게는 좋은 골프 선배들이 되겠지만, 이미 다른 취미생활을 즐기고 있거나 골프 자체에 관심 없는 사람들에게는 지나친 잔소리와 강요로 들릴 뿐이다.

P대리는 테니스를 배운 지 3년 정도 됐다. 나 홀로 연습만 하던 시절을 넘어 이제는 실력이 비슷한 상대와 랠리를 주고받는 수준이다. 다른 운동과 마찬가지로 테니스 역시 활동량이 많은 전신운동이다 보니 살도 많이 빠져서 흔히 말하는 다른 사람이 되었다. 이렇게 좋은 부분을 강조하면서 주변 사람들에게 테니스를 함께 하자고 하면 좋겠지만, P대리가 주변 동료들에게 테니스를 함께 하자는 데는 약간 다른 이유가 있다. 예쁘고 잘생긴 외모의 이성들이 많다는 것을 지속적으로 강조하면서 권유하는 것이다. 한두 번이면 웃고 넘길 수 있지만, 일관성 있는 말투로 끊임없이 이야기하기에 테니스를 치는 자체가 불순해 보이기까지 한다. 동료들은 더더욱 P대리가 부담스러워지고 자연스럽게 점점 멀리하게 된다.

이런 빌런을 만나면 어떻게 대응해야 할까?

골프를 쳐보라는 지속적인 강요에 시달렸던 나와 동료 한 명은 시간을 내서 직접 같이 스크린 연습장을 다녀왔다. '채를 잡아보면 재미를 느낀다. 일단 무조건 한번 공을 쳐보면 알게 된다'는 그들의 이야기를 어떤 방식으로도 끝까지 거절하지 못했다. 그래서 하루 시간을 내어 퇴근 후에 같이 연습장에 갔다. 하지만 우리가 그냥 갔을까? 아니다. 연습 비용과 저녁까지 얻어먹고 왔다.

"오늘 같이 연습해보고 푹 빠지면 다음부터는 저희가 먼저 과장님께 시간 내달라고 부탁드릴게요. 오늘은 저희 입문자들 응원하는 마음에서 S과장님이 (웃으면서) 쏘시는 거죠? 감사합니다!"라는 내 말에 수개월 동안 골프를 강요했던 S과장은 거절하지 못했다. 스크린 연습장이지만 처음 해본 골프는 분명히 재미있었다. 하지만 S과장에게는 "잘 모르겠어요. 제 취향은 아닌 것 같아요"라는 말과 함께 아쉬움을 남겼다. 오해하지 말라. 다음 날 점심식사 후 커피는 내가 샀다. S과장은 "몇 번 더 해보면 재미를 느낄 테니까 이제 연습은 알아서 해보라"고 말하면서도 더이상은 나에게 쉽게 이야기하지 못했다.

다시 말하지만, 오해하지 말자. 골프는 정말 좋은 운동이고 재미도 있다. 그것을 지나치게 강요하는 것이 문제다. 나 역시 충분히 재미있는 운동이라는 것을 알았지만, 기존에 하고 있는 다른 운동과 취미생활이 있어서 굳이 바꾸고 싶지는 않다.

그래도 빌런에게 배울 게 있다면?

나에게 재미있는 것이 다른 사람들에게도 즐거움을 주는 것은 아니다. 그러니 나의 생각과 행동이 정답인 양 강요하는 것은 멈추자. 아무리 좋은 말과 권유도 지나치면 잔소리가 되고 꼰대가 될 수 있다.

MBTI를 봐도 알 수 있듯이, 여러 사람과 어울리는 것을 좋아하는 성향도 있고 혼자서 무언가를 하는 것을 좋아하는 성향도 있다. 계획적인 사람이 있고 즉흥적인 사람이 있다. 사람마다 다르다는 것이다.

취미생활이든 운동이든 마찬가지다. 실외 스포츠와 실내 스포츠, 단체운동과 개인운동, 구기운동과 맨몸운동 등 개인의 상황과 성향에 맞는 운동이 있다. 그것을 정확히 알지도 못하고 이해하지도 못하면서 지속적으로 자신의 취미를 강요하는 것은 상대에게 실례가 된다.

더욱 조심할 것은 음식을 강요하는 경우이다. 체질에 따라서 또는 기호에 따라서 개인마다 먹지 못하는 음식이 있다. 갑각류,

복숭아, 땅콩 등 음식 알레르기가 있는 사람도 있고 알레르기는 아니어도 오이나 피망, 곱창이나 닭발을 먹지 못하는 사람도 있다. 상대가 특정 음식을 못 먹는다는 것을 그대로 받아들이면 된다. '이렇게 맛있는 것을 왜 못 먹냐', '이렇게 조합하면 먹을 수 있다'라는 식으로 먹을 것을 강요하지 말자. 다 큰 성인인데, 본인이 먹고 싶으면 누가 강요하지 않아도 알아서 먹는다. 특히 음식은 잘못 먹으면 자칫 응급 상황이 발생할 수도 있다.

내가 좋아하고 즐기는 것이 있더라도 다른 누군가에게 강요하지 말자. 한두 번 권유해볼 수는 있지만, 상대방이 호감을 보이지 않는다면 거기서 멈춰야 한다.

L대리 가방에는
뭐가 들었을까?

직장인들은 가방에 무엇을 넣고 다닐까? 버스로 장거리 출퇴근을 하는 직장인이라면 목베개나 안대를 가지고 다닐 것이다. 지하철을 이용한다면 전자책(e-book) 단말기나 책을 들고 다닐 수도 있고, 에어팟이나 버즈 같은 무선 이어폰은 요즘 직장인들의 필수품이라고 해도 무방하다. 여자들은 간단한 화장품도 넣고 다닐 것이고, 남자들은 보조 배터리나 간식을 가지고 다니기도 한다.

'What's in my bag?'은 연예인들이나 유명 인플루언서들이 자신의 가방 속 소지품을 공개해서 '나는 평소에 이런 걸 들고 다닌다'고 보여주는 하나의 콘텐츠다. 항상 지니고 다니는 물건을 통해 '나는 이런 사람이야'라고 알리며 팬들과 소통하고, 많은 유명인들이 참여하며 트렌드가 되었다. 하지만 우리 같은 직장 인들에게 가방 속 물건들은 사적인 영역일 뿐 굳이 누군가에게 보여주거나 자랑하지 않는다. 누군가 내 가방 속에 무엇이 들었 는지 관심을 가질 거라고 생각조차 해본 적이 없다.

25년 넘도록 직장생활을 하고 있는 Y부장. 신입사원들에게 종종 농담처럼 건네는 '아들 같아서, 딸 같아서'라는 말이 나이 로만 따지면 현실이 된 그는 잘못된 습관이 하나 있다. 얼마 전 취업한 자신의 딸이 더 이상 자신과 이야기를 하지 않는다며, 평소에 무슨 생각으로 회사를 다니는지 모르겠다는 말과 함께 신입사원들의 가방을 한 번씩 살펴본다. 눈으로만 쓱 훑어보는 것이 아니라, 손으로 책장을 넘기듯 무엇이 들었는지 탐색한다.

(가방 속 향수를 보고) "요즘 애들은 이런 걸 들고 다니는구나. 우 리 딸도 하나 사주면 좋아하려나?" (옆에 있던 과자를 뜯어 먹으면서) "이거 먹어도 되는 거지?"

Y과장은 가방 속을 들여다보는 것을 넘어서 군것질거리가 있으면 아무렇지 않게 꺼내 먹기도 한다. 아무 말도 없이 먹는 것보다 맛있다는 말이라도 하는 것에 고마워라도 해야 하는 걸까? 가방뿐만 아니라 사무실 개인 서랍장에 넣어둔 간식도 자기 것처럼 꺼내 먹는다. 업무시간에는 서랍장을 잠그고 다니지 않다 보니, 벌써 몇 번씩 간식을 빼앗기고 허탈한 적만 수 차례. 내가 특히 좋아하는 과자나 음료수를 마시면 화가 치밀어 오른다.

가방을 살펴보거나 간식을 빼앗아 먹는 것까지는 어떻게든 억지로 참았지만, 작은 사고들이 모이면 큰 사고가 되듯이 그 역시 어느 날 누군가에게 큰 사고를 치고야 말았다. 오늘도 어김없이 (본인 주장에 따르면 아들과 딸 같은) 후배 직원들의 가방과 서랍을 이리저리 쳐다보던 그는 여자인 L대리의 가방에서 여성용품을 집어 들더니 주변 사람들이 다 들을 만한 목소리로 물어본다.

"L대리, 이건 뭐야?"

급격하게 수치심이 들었던 L대리는 자신도 모르게 비명을 지르며 가방을 잡아채고는 화장실로 뛰어갔다. 주변에서는 참고 참았던 후배 동료들의 탄성과 비난이 터져 나왔다. "제발 남의 가방 좀 그만 뒤지세요"라는 누군가의 외침에, 여기저기서 "맞아요. 그만 좀 하세요"라는 동조의 말들이 튀어나왔다.

"아니, 나는 그냥 궁금해서 그런 건데 뭘 이렇게까지들⋯⋯."(말을 잊지 못하고 흡연장으로 도망간다.)

빌런들의 핑계와 결말은 대부분 늘 비슷하다.

이런 빌런을 만나면 어떻게 대응해야 할까?

가장 쉽게 생각할 수 있는 방법은 가방을 서랍장에 넣고 잠가 버리는 것이다. 대부분 연차와 나이가 훨씬 많은 Y부장 같은 선배들에게 기분 나쁘다는 의사 표현을 직접적으로 하기는 어려울 것이다. 그러니 어쩌면 가장 깔끔한 방법일 수도 있지만, 매번 서랍장을 잠갔다 열었다 해야 하는 귀찮음이 있다. 그리고 내 잘못도 아닌데 내가 매번 조심해야 하는 상황에 어느 순간부터는 화가 나기도 한다.

나를 놀라게 했던 어떤 팀원은 아예 본인 서랍장에 Y부장이 좋아하는 간식을 사놓기도 했다. 당연히 Y부장은 여러 번 그 간식을 챙겨 먹었고, 일정 기간이 지나자 그 팀원은 Y부장에게 그동안 본인 간식을 많이 챙겨 드셨으니 오늘은 점심을 사달라며 꽤 가격이 나가는 점심을 얻어먹기도 했다. 점심을 먹으면서 Y부장의 '나 때는 말이야~' 이야기를 듣기도 했지만, 오히려 Y부장급의 연차가 되면 으레 하는 고민들을 편하게 들어볼 수 있었다고 한다. 그리고 부드러워진 분위기에서 팀원들이 Y부장의 이런저런 행동들을 불편해한다는 이야기도 빼먹지 않았다. 이런 방법은 쉬워 보여도 막상 내가 직접 하기에는 어려움이 있다.

하지만 직간접적으로 티를 내도 변하지 않는 게 빌런이다. 빌런의 잘못된 행동이 계속될 때, 오히려 빌런을 당황시켜 아무 말도 하지 못하게 하는 방법 하나를 제안해본다. 주변 여자 동료들과 많은 이야기를 나눠보고 찾은 방법인데, 피해자인 우리가 창피함을 감안해야 하는 것이 단점이다.

빌런 : (여성용품을 집어 들며) L대리, 이건 뭐야?

L대리 : 생리대인데, 왜요? 부장님 필요하시면 하나 드릴게요!

그래도 빌런에게 배울 게 있다면?

Y부장의 행동이 잘못된 것은 맞지만, 절대 악의가 있어서 그런 것은 아니라고 (굳이) 믿고 싶다. 자녀들이 30대가 다 됐을 정도의 나이라면 그동안 많은 일을 겪으면서 행동 하나하나가 무뎌진 것일지도 모른다. 물론 그렇다고 해서 이 모든 행동들이 용서받을 수 있는 것은 아니다. 잘못된 것이다. 그런데 과연 우리라고 변하지 않을 수 있을까?

'개구리 올챙이 적 생각 못 한다'는 속담이 있다. 우리도 어느 순간 연륜과 경험이 쌓일수록, 지금보다 어렸던 시절에 했던 걱정과 어려움을 기억하지 못할 수도 있다. 30~40대가 넘은 지금에는 아무렇지 않게 느껴지는 사소한 일들이 20대 때는 부끄러워서 숨기고 싶거나 어쩔 줄 모르는 일이었다. 아르바이트를 하던 시절에는 손님에게 실수했을 때 어떻게 해야 할지 몰라 발만 동동 굴렀지만, 지금은 오히려 그런 아르바이트생들에게 괜찮다며 다독여줄 수 있는 여유가 생긴 것처럼 말이다.

직장에서도 마찬가지다. 과장, 차장, 부장급이 된 지금은 1~2시간 안에 쉽게 마무리 지을 수 있는 일들을 대리나 사원 시절에는 하룻밤을 꼬박 새워도 끝내지 못했다. 지금의 나는 상사의 질책과 잔소리에 큰 상처를 받지 않고 의연하게 대처할 수 있지만, 그때의 나는 하루 종일 신경 쓰여 밤잠을 설치고 여러 선배들에게 조언을 구하기도 했다. 우리가 직장에서 하는 대부분의 일들은 어느 정도 시간이 지나고 경력이 쌓이면 익숙해지는 것이 당연하다. 업무적으로도 그렇고 직장생활 자체도 그렇다. 이제는 기억도 가물가물한 첫 출근길. 집에서 회사까지 가는 모든 길이 낯설고 사무실의 공기와 의자도 불편했다. 그러나 어느 정도 연차가 쌓이면 대부분의 것들이 익숙해진다.

여기서 조심해야 할 부분이 있다. 익숙해졌다고 해서 다 올바른 일은 아니다. 잘못된 방식으로 해오던 일들이 어느새 몸에 익은 것일 수도 있다. Y부장도 동료들의 간식을 나눠 먹던 것이 그 시절에는 아무렇지 않았을 수 있다. 시간이 지날수록 익숙해져서 지금도 그때와 같이 행동하는 것인지도 모른다. 그러니 내가 무의식적으로 하는 일들이 정말 다른 누군가에게 피해가 되는 일은 아닌지, 지금 이 시간을 통해 한 번씩 생각해보자.

루틴이라는 게 있어요. 회의 전에 바람도 쐴 겸 담배 한 대
피우고 오면 집중도 잘되고 아이디어도 더 잘 나오거든요. 조금
늦기는 했지만 이미 흡연장에서부터 회의 주제에 대해 계속 생각
하면서 오는 길이에요.

회의 전에 꼭 흡연장을
다녀오는 J팀장

저랑 필드 한번 나가고 싶어 하는 사람들이
얼마나 많은데요. 같은 팀원이니까 내가 먼저 가르쳐준다는데
왜 안 배울까요? 회사생활을 하다 보면 어차피
다 배워야 하는 건데.

본인의 취미를
강요하는 S과장

내 삶에 녹이는 업무의 기본 지키기

기본. 기본. 기본부터 잘 지키라는 말을 어려서부터 정말 많이 듣고 자랐어요. 듣고 또 들어온 이야기인데 대체 또 하는 이유는 뭘까요? 지키지 않는 사람들이 많기 때문이에요. 모두 다 기본을 지키면 이런 이야기를 누구도 하지 않겠죠. 그래서 강조하고 또 강조하나 봐요.

제가 회사 안팎으로 늘 중요하게 생각하고 지키는 3가지 기본은 '시간, 인사, 청결'이에요.

이 중에 가장 중요한 한 가지를 꼽으라면 시간 지키기예요. 출퇴근 시간이나 회의 시간을 지키는 것은 숨 쉬는 것처럼 당연한 일이에요. 사실 이것조차 지키지 않는 직장인에게 그다음을 기대하기는 어려워요.

회사에서 하는 모든 일은 'Due date'라고 부르는 마감일에 맞춰 진행해요. 팀장과 팀원 또는 부서와 부서 간에 진행할 수도 있고, 크게는 회사와 회사 간에 일정을 세우고 업무를 하죠. 여기서 나 한 명이 늦어지면 모두에게 피해를 끼치게 돼요.

물론 일하다 보면 돌발변수가 나타날 수 있고 원하는 결과가 안 나와서 시간이 더 필요한 경우도 생기죠. 이럴 때는 바로 함께 일하는 사람들에게 알려야 해요. 그래야 다른 쪽에서 시간을 더 벌어주고 전체적인 일정을 맞출 수 있죠.

저는 일상에서도 어떤 약속이든 최소 10분 전에 도착하는 편이에요. 보통은 더 빨리 도착하죠. 식당을 가면 먼저 자리를 잡아두고, 그게 아니더라도 미리 가서 마음 편하게 기다려요.

하지만 저도 100%는 아니겠죠? 예상외로 도로가 막히거나, 갑자기 화장실이 급할 때도 있으니까요. 이럴 때는 바로 상대에게 늦는다고 연락해요. 만나기로 한 시간이 다 되어서 부랴부랴 연락하는 게 아니라 늦을 것 같다는 걸 깨달았을 때 바로 해요. 그러면 누구든 그 상황을 이해하고 편한 장소로 이동해서 기다리죠. 물론 이런 경우는 거의 없고 항상 일찍 도착해요.

두 번째는 인사하기예요. 회사에서 4가지 인사말은 하루에도 수십 번씩 해요. 출근길이나 회의에서 누구를 만나든 '안녕하세요', 회의를 마치거나 퇴근길에 마주치면 '수고하셨습니다', 내가 조금이라도 피해를 줬다면 '죄송합니다', 거의 대부분 자동으로 나오는 '감사합니다'. 특히 사소한 일이라도 나를 도와주는 모든 분들에게는 감사 표현을 꼭 해요.

일할 때만 인사하는 게 아니에요. 회사 규모가 클수록 모르는 사람들을 마주치는 경우가 더 많죠. 화장실이나 식당, 엘리베이터 같은 곳에서요. 이때마다 그냥 지나가는 게 아니라 가벼운 목례라도 꼭 해요. 회사가 생각보다 좁거든요. 한두 명만 거쳐도 거의 대부분의 사람들을 알게 되죠. 평소에 누구를 마주치든 인사하는 아주 사소한 행동이 내 평판을 차근차근 올려줘요.

회사 밖에서는 어떨까요? 아마 다들 이런 경험을 해봤을 거예요. '이 버스 xx 가는 거 맞나요?', 'yy까지 어떻게 가요?'라고 길을 묻길래 친절하게 가르쳐줬는데 고맙다는 인사 한마디 없이 그냥 지나가는 사람들이 있어요. 고맙다는 말을 듣고 싶어서 가르쳐준 것은 아니지만 묘하게 기분이 나빠요.

그리고 어디를 가든 요즘은 다들 핸드폰만 쳐다보고 있어요. 식당을 가도 카페를 가도 편의점을 가도 비슷하죠. 저도 핸드폰을 많이 봐요. 그래도 '안녕하세요, 감사합니다, 수고하세요'라는 말은 입에 달고 살아요. 그리고 그 순간만큼은 핸드폰이 아니라 상대방의 얼굴과 눈을 쳐다봅니다.

생각보다 우리가 가는 곳들은 크게 바뀌지 않아요. 항상 가는 식당에서 밥 먹고, 집 앞에 있는 편의점을 들르죠. 하루 이틀 일주일 한 달, 내가 먼저 인사하다 보면 상대방도 나를 대하는 태도가 달라지는 걸 느껴요. 특별대우를 받으려는 게 아니에요. 인사 한마디로 그 공간의 분위기를 따뜻하게 바꿀 수 있어요. 상대방의 기분이 좋으면 덩달아 나도 기분이 좋아지죠. 오늘부터라도 내가 마주치는 모든 사람들에게 가벼운 인사 한마디씩 해보길 추천할게요.

마지막으로 청결 유지하기. 깨끗하게 정리하는 건 회사 안이든 회사 밖이든 똑같아요. 〈백종원의 골목식당〉을 보면 주방만 봐도 식당을 평가할 수 있어요. 주방이 깨끗한지 아닌지만 봐도 선입견이 바로 생기니까요. 설령 생각보다 음식 맛이 별로여도 기본 위생을 잘 지키는 곳은 어떻게든 도와주려는 마음이 생기고요.

직장인들도 마찬가지예요. 씻고 출근하기, 음식물이 튀어 얼룩진 옷은 세탁해서 입기, 손발톱 깔끔하게 다듬기, 머리도 단정하게 정리하기. 신발도 너무 더러우면 한 번씩 세탁하기. 사무실 책상 정리 정돈하기. 너무나도 당연한 이야기로 들리겠지만 이걸 지키는 사람과 안 지키는 사람을 바라보는 시선이 달라요.

　이런 기본을 안 지키면 일을 아무리 잘해도 주변에 사람이 모이지 않아요. 반대라면? 업무 속도가 조금 느려 시간이 걸릴지라도 결국 깔끔하게 처리할 사람이라는 인식이 생겨요. 그러니 우리 모두 기본은 꼭 지키도록 해요.

일하면서 만나면 안 되는 빌런

누구나 만나면 즐거운 사람이 있고,

만날 때마다 불편한 사람이 있다.

직장에서도 마찬가지다.

하루에 최소 8시간 이상 머물러야 하는 직장에서

만날 때마다 나를 불편하게 만드는 빌런들.

피하면 좋겠지만 언제 어디에나 존재하니

피할 수 없는 빌런들의 이야기.

신입사원의 검증 안 된
욕심은 독이다

웹툰 원작의 드라마 <미생>에 나오는 최고 학벌 출신의 인물 '장백기'. 학벌도 좋고 신입사원 치고는 실력도 좋아 자존감이 높은 인물이다. 하지만 회사에서 무게감 있는 업무를 담당하지 못해 불만이 쌓이고 선배와 언성을 높이는 갈등 상황도 만든다. 그러나 정작 중요한 일을 맡았을 때는 아무것도 하지 못하는 영락없는 신입사원의 모습을 보여준다.

대한민국 최상위 대학을 우수한 성적으로 졸업한 L신입사원. 학부 시절에도 여러 번 현장과 유사한 경험을 했고, 타사에서 인턴 경험도 했기에 콧대가 높은 신입사원이었다. 그래서일까?

마치 '장백기'처럼 선배들이 시키는 데이터 정리 업무나 복사, 서류철 같은 허드렛일을 하는 것에 매일같이 불만을 표현했다.

보다 못한 팀장은 그에게 기존 사원들이 일주일 정도면 할 수 있는 업무를 한 달의 기간을 주고 맡겨보았다. L사원이 혼자 해오는 것이 아니라 주변 선배들에게 물어가며 배워서 해오길 바랐던 것이다. 팀원들에게 많이 도와주라는 이야기도 빼먹지 않았다. 하지만 첫날 바로 사고가 터졌다. 수십억 원이 넘는 고가의 장비를 사용해야 하는데, 주변 선배나 동료들에게 물어보지 않고 마치 TV 리모컨 버튼을 누르듯 이것저것 눌러보았다. (아직도 왜 그랬는지 정확히 이해할 수는 없지만, 누구에게도 묻지 않고 본인 혼자 해내는 모습을 보여주고 싶었던 게 아닐까.)

그런데 하필 막 누른 것이 정지 버튼이었다. 장비와 연결된 PC에서 정지 버튼을 누르는 바람에 모든 것이 멈췄다. 이 일로 해당 장비에서 진행 중이던 타 부서의 업무를 망가뜨렸다. 그리고 다음 날 또 다른 타 부서의 업무까지 망쳐놓았다. 타 부서원들이 장비에 만들어둔 실행 파일을 이것저것 눌러보며 변경하고는 원본에 덮어쓰기로 저장을 해버린 것이다. 금액으로 따지면 수억 원의 손실을 낸 사고였다.

누구나 자신이 열심히 일하고 잘한다고 생각한다. 요즘같이 어려운 취업문을 뚫고 들어온 신입사원들은 무엇이든 다 해낼 수 있을 것 같은 열정도 넘친다. 하지만 신입사원의 업무 능력은 아직 검증되지 않은 상태다. 실무 지식이 부족하고 경험치도 쌓이지 않은 상태에서 혼자만의 과도한 패기는 반드시 독이 된다.

이런 빌런을 만나면 어떻게 대응해야 할까?

'지금 다시 입사시험을 보라고 하면 합격 못 할 것 같다'라는 말을 동기들끼리 하곤 한다. 흔히 말하는 스펙도 좋고, 날이 갈수록 취업하기 더 어려운 시기에 합격한 신입사원들이 대단하다. 그렇다고 입사와 동시에 날아다니는 신입사원은 현실이 아닌 드라마에 나오는 이야기다.

콧대 높은 신입사원이 후배로 들어왔다면, 성향에 따라 대응하는 방법이 다르다. 먼저 콧대는 높지만 선배의 말을 귀 기울여 듣는 후배라면 공부할 거리를 주자. 업무 관련 매뉴얼과 그동안 팀에서 진행했던 업무보고서를 주고 공부하라고 한다.

자존감이 너무 높은 후배라면, 다른 팀이나 부서에 해를 끼치지 않는 한도 내에서 난이도가 높은 업무를 맡겨보자. 또는 이미 완료된 프로젝트의 최초 기획서를 주고 어떤 순서로 진행할지, 어떤 문제가 생길지, 어떻게 풀어나갈지 구상해보라고 한다. 그리고 실제 회사에서 어떻게 진행했는지 비교해보자.

신입사원이 잘해내기를 바라는 것이 아니다. 보통의 경우 콧대가 높은 사람들은 자기 혼자 해내지 못한다는 것을 깨닫고 조금씩 수그러들기 시작한다. 절대 기를 죽이거나 선배로서 기강을 잡으라는 것이 아니다. 회사일은 혼자 모든 것을 다 할 수 없다는 것을 깨닫게 해줘야 한다. 어려운 업무를 줬는데 신입사원이 척척 해낸다면? 반대로 내가 후배에게 열심히 배우자.

그래도 빌런에게 배울 게 있다면?

자신이 이 회사에 들어오기 전에 어떤 일을 했든 어떤 능력을 갖췄든, 신입사원은 단어 그대로 경험이 없는 신입사원일 뿐이다. 지금의 회사에서 인턴 사원을 해본 경험이 있는 게 아니라면 회사에서 사용하는 다양한 툴, 문서작업 양식, 심지어 사무실 위치나 동료 선배들의 이름도 알지 못한다. 당연히 처음에는 무조건 배워야 한다. 신입 시절은 무엇이든 누구에게나 배우는 시기다.

연차가 쌓일수록 물어볼 사람도 적어지고 물어보는 것 자체가 부끄럽기도 하다. '내가 이만큼 회사를 다녔는데, 이런 것까지 물어봐도 될까?'라는 생각이 자연스럽게 든다. 신입사원 시절에 선배들을 보면, 본인 일도 잘하고 모르는 게 없는 것 같지만 사실은 그렇지 않다. 직장인들 모두 모르는 건 물어보고 찾아가면서 매 순간 배우며 일한다.

그렇기에 신입사원이 사소한 것이라도 물어보는 것은 더더욱 부끄러운 것이 아니다. 본인의 능력과 노력에 따라, 주변 선배들이 도와주는 정도에 따라 습득하는 기간은 천차만별이겠지만, 가능한 많이 물어보고 배우자. 빨리 달리고 싶어도 걷는 것부터 해야 한다.

그렇다고 선배가
네이버나 구글은 아니다

L사원과 반대 성향인 S사원은 일에 대한 확신이 없어 시도 때도 없이 하나부터 열까지 묻는다. 선배에게 묻는 것이 잘못된 일은 아니지만, 같은 질문을 여러 번 하면 듣는 상대도 힘이 빠진다. '안 물어보고 한다고 뭐라 하고 물어보면 또 물어본다고 하니 도대체 어쩌라는 거야?'라는 생각이 들 수도 있다.

S사원의 문제는 질문의 양은 날이 갈수록 점점 늘어나는데, 질문의 질은 그만큼 높아지지 않는 데 있다. 한 번 했던 단순한 질문을 여러 번 반복해서 묻기도 하고, 오전에 가르쳐준 것을 오후에 또다시 물어보기도 한다. 가르쳐주는 사람으로서는 힘

이 빠질 수밖에 없다.

더구나 S사원은 선배들의 상황을 전혀 고려하지 않는다. 중요한 회의를 앞두고 있거나, 퇴근 준비를 하고 있는데도 붙잡고 끊임없이 질문한다. 일이 몰려 밥도 못 먹고 야근하는 상황에서도 물어본다. 선배 입장에서는 여유가 없다 보니 말 그대로 '대충' 가르쳐줄 수밖에 없다. 조금은 짜증 섞인 말투가 나올 수도 있고, 답답한 마음에 한숨을 내쉬기도 한다. 선배는 네이버나 구글이 아니다. 언제 어디서든 아무렇게나 물어봐도 감정의 요동 없이 무조건 대답해주는 검색엔진이 아니라는 이야기다. 같은 것을 여러 번 물어보면 당연히 답답해할 수 있다. 바람직한 모습은 아니지만 상황에 따라 심할 경우 화를 낼 수도 있다.

이런 빌런을 만나면 어떻게 대응해야 할까?

시도 때도 없이 질문하는 후배에게는 시간을 정해주자. 아무리 질문하는 모습이 대견하고 예뻐 보여도 급한 나의 업무가 먼저다. 질문하기 가장 좋은 때는 점심시간 전후다. 다 같이 조금은 어수선할 수 있는 이 자투리 시간이 배우고 가르쳐주기 가장 편하다. 질문과 대답이 길어질 것 같으면 적절히 끊을 수도 있고, 어려운 질문으로 곤란하면 잠시 숨을 고르며 생각할 수도 있는 시간대이다.

그리고 나 역시 후배가 질문한 것을 기록해두자. 똑같은 질문을 여러 번 반복한다면, 언제 가르쳐주었는지를 알려주고 스스로 답을 찾아보게 한다. 어린아이도 아닌데 같은 질문을 무한정 받아주는 것은 도움이 되지 않는다.

이런 후배들은 약간 귀찮을 수는 있지만 미워할 수는 없다. 군이 말하자면 자기만의 주관적인 판단으로 묻지도 않고 사고 치는 후배보다 훨씬 낫다. 사고를 수습하는 게 백지 상태에서 하는 것보다 몇 배의 노력이 들어가지 않는가? 이런 후배들은 빌런이라기보다 잠재력이 넘친다는 생각으로 보듬어주자.

그래도 빌런에게 배울 게 있다면?

기록을 해두자. 선배들에게 물어본 것을 노트에 적고 외우자. 같은 것을 다시 물어보지 않도록 하자. 요즘은 스마트폰이나 태

블릿에도 쉽게 필기할 수 있다. 보안 문제가 있다면 PC에 질문 노트를 만드는 것도 방법이다. 원노트(MS Office OneNote)를 활용 하는 것도 좋다.

이쯤에서 알려주는, 회사에서 일을 폭발적으로 배울 수 있는 꿀팁 한 가지. 1명의 선배에게 3번의 같은 질문을 하지 말고, 3명 의 선배들에게 같은 질문을 해보자. 가능하면 직급과 분야가 각 기 다른 선배들에게 묻는 것이 좋다. 비슷한 내용이라도 서로 다 른 답변과 경험을 이야기해줄 것이다. 그러면 나는 하나의 질문 으로 3명의 경험치를 얻은 것과 다름없다. 3명이 아니라 10명에 게 묻는다면 당연히 10명의 경험치를 가져갈 수 있다. 신입사원 이 짧은 시간에 선배들의 지식과 경험을 배울 수 있는 가장 좋 은 방법이다.

공학석사라더니,
엑셀도 왜 못해

직장인이라면 업종과 직무에 상관없이 엑셀(Excel)을 많이 사용한다. 특히 이공계 관련 학과 졸업생들이 모여 여러 실험을 통해 연구 결과를 정리해야 하는 부서라면 더더욱 엑셀을 달고 산다. 업무 특성상 10~100개, 많게는 1,000개가 넘는(지금은 더 많다) 데이터를 수시로 다룬다. 당연히 엑셀에서 총합, 평균, 분산 등을 구하는 것은 기본 중의 기본이다. 이미 오랜 시간 선배들의 손을 거쳐 만들어진 엑셀 계산 양식도 있고, 필요에 따라 자기 손에 맞게 수정하는 동료들도 있다.

공학석사 학위를 가진 나의 동기 K양. 학력이나 학벌로 사람을 평가하는 것은 아니지만, 석사학위에 대한 최소한의 기대치가 있는 것은 어쩔 수 없다. 그러나 그녀는 아무리 좋은 첫인상이나 높은 기대치도 하루아침에 무너질 수 있다는 것을 증명해 주었다.

입사한 지 2개월이 채 안 된 어느 날, 사무실에서 다닥다닥 소란스럽게 소리를 내는 K양. 무슨 일이 있나 하고 보았는데, 아뿔싸! 학부생 시절에나 사용했을 법한 공학용 계산기를 두드리고 있었다.

"설마 지금 계산기로 계산하는 거야?"

혹시나 해서 말을 건 나에게 그녀는 버럭 화를 냈다. 나 때문에 어디까지 계산했는지 까먹었다고 하면서. 엑셀로 계산하면 될 것을 왜 계산기를 두드리고 있냐는 질문에 그녀는 지금까지 한 번도 엑셀을 사용해본 적이 없다고 한다. 도대체 어떻게 석사학위를 받았는지 이해할 수 없다고 생각하던 찰나, 그 자리에서 바로 울어버린 그녀. 졸지에 나는 사무실에서 동기를 울린 파렴치한 인간이 되어버렸다.

하지만 후폭풍은 그리 오래가지 않았다. 계산기를 열심히 두드린 그녀의 모든 계산값이 맞지 않았기 때문이다. 어떻게 계산한 건지 묻는 선배들에게 그녀는 자신이 공책에 덧셈과 뺄셈을 한 과정을 보여주며 열심히 했다고 어필한다. 그 순간 모든 선배들이 나를 쳐다보며 아련한 눈빛을 쏘아준다. 마치 영화의 한 장면처럼.

이런 빌런을 만나면 어떻게 대응해야 할까?

동기가 이런 상황이라면 냉정하고 차갑게 들릴 수 있지만 나에게는 좋은 기회다. 엑셀도 활용하지 못하는 신입 석사 vs 기본 이상은 사용할 수 있는 신입 학사. 당연히 후자가 평가와 평판에 유리하고, 앞서 치고 나갈 수 있다. 나는 상대적으로 훨씬 더 빠르고 능숙한 신입사원이 된다.

다만 한 가지 단점도 있다. 상대에게 가야 할 대부분의 일들이 나에게 돌아올 수 있다. 우리는 이런 일들도 깔끔하게 처리해서 더더욱 격차를 벌려보자.

어떻게 동기한테 이런 생각을 가질 수 있냐고? 착각하지 말자. 동기라고 해서 내가 그 사람을 책임져야 할 이유는 없다. 동기는 그저 입사일이 같은 사람일 뿐이다. 물론 회사생활을 하면서 가장 편하게 도움을 주고받거나 언제든 힘이 되어주는 것이 동기들이다. 그렇다고 모든 동기들과 가깝게 지낼 수는 없다. 게다가 그녀는 사무실에서 펑펑 우는 통에 나를 아주 파렴치한 사람으로 만든 전적이 있다.

그래도 빌런에게 배울 게 있다면?

엑셀(Excel), 파워포인트(PPT), 워드(Word) 같은 오피스 프로그램을 적당한 수준으로 사용하는 것은 직장생활에 필요한 기본 역량이다. 수준급을 원하는 것이 아니다. 남들이 다 하는 정도는 기본으로 익혀야 한다.

최근에는 빅데이터 분석을 위해서 파이썬(python), R 등을 활용한 코딩 능력이 기본이라는 이야기도 많이 들리지만 현실은 꼭 그렇지는 않다. 우리가 함께 일하는 대부분의 상사들이 다루지 못하기 때문이다. 또한 굳이 어려운 것을 억지로 활용하는 것은 지나친 일이다. 배워서 활용할 줄 안다면 나쁠 것은 없지만, 자신이 하는 일과 크게 연관이 없다면 노력 대비 성과가 작을 수 있다. 물론 부서를 바꾸거나 이직을 준비하거나 개인의 또 다른 목표를 위해서라면 무엇이든 배워두는 것이 좋다.

부디 기본적인 오피스 프로그램 활용 능력은 '누군가 가르쳐 주겠지'라는 마음으로 기다리지 말자. 책으로 배워도 좋고, 유튜브에는 무료 강의 동영상이 널렸다. 기본은 사용할 줄 알아야 기본적인 업무를 할 수 있다.

박사가 이런 걸
어떻게 해?

　회사에는 많은 부서가 있지만, 특히 연구소는 특성상 국내외 박사 혹은 그 이상의 고학력자들이 꽤 많이 입사한다. 이름만 들어도 '공부 정말 잘했겠네'라는 말이 나올 법한 해외 대학은 물론 박사들의 세계에서는 꽤 유명한 연구실을 졸업한 해당 분야의 전문가들이 많다.

　이런 고학력자들 중에 일부는 큰 단점이 있는데, 바로 너무나도 높은 '자만감'이다. 학벌 좋은 신입사원들과는 또 다른 무게감이 있다. 그중에서도 '내가 박사인데 이런 일까지 해야 한다고?'라는 '박사부심'을 부리는 사람들이 꼭 문제를 일으킨다. 어차피 학사나 석사 심지어 박사 학위를 받았다 하더라도 일단 회사에 들어오면 처음에는 다 같은 신입사원이다. 회사 시스템을 전혀 알지 못하고, 어느 부서가 어느 건물 어디에 있는지, 그 부서의 팀원들이 누구인지도 모른다. 심지어 화장실 위치와 복사기 위치도 제대로 모른다. 모르는 게 당연하다. 모르면 배우면 된다. 다만 배우기 위해서는 겸손해야 한다.

업무 특성상 A건물→B건물로 연구 샘플을 들고 이동해야 하는 경우가 종종 있다. 대부분의 직장에서 비슷하겠지만, 주로 신입사원들이 이런 허드렛일을 도맡아 하면서 하나둘 일을 배운다. 허드렛일이기는 하지만 건물을 오가며 회사의 내부 공간을 익히고 다른 부서 담당자들과 안면을 틀 수 있는 계기도 된다. 관심이 있다면 우리 부서와 다른 부서가 어떻게 업무적으로 엮여 있는지 배울 수도 있다. 또한 오가는 길에 선배와 티타임을 하며 이런저런 이야기를 나누면서 사무실에서는 배우기 어려운 것들을 알게 된다. 아직 담당 업무가 없어서 사무실에만 있는 게 답답한 시절에는 조금은 농땡이를 칠 수 있는 시간이기도 하다.

일주일 전에 입사한 미국 대학 출신의 박사 L이 내 동기의 멘티로 들어왔다. 마침 내 동기는 연구 샘플을 이동해야 해서 L박사에게 "나와 함께 다녀와서 커피 한잔하자"고 이야기했는데 전혀 예상치 못한 답변이 돌아왔다.

"저는 박사 출신인데 이런 것도 해야 하나요?"

그때 얼어붙은 사무실 공기가 지금도 차게 느껴진다. 주변에 있는 모든 사람들이 그 어떤 말도 하지 못했다. 근육에 경련이 일어난 것 같은 내 동기의 얼굴도 잊을 수 없다. 한 번의 사건으로 사람을 평가하는 것은 위험하지만, 그 한마디로 모두가 신입 박사에게 안 좋은 선입견이 생긴 것은 어쩔 수 없다.

'박사부심'이라고 굳이 나쁘게 부르는 이유는 학사나 석사 학위자들은 저런 말을 하는 경우가 거의 없기 때문이다. 하지만 박사학위자 100명 중에 1명은 이렇게 잘못된 '박사부심'을 부리는 경우가 있다. 저 사건 이후로 그 누구도 신입 박사에게 일을 시키거나 가르쳐줄 마음이 생기지 않았다. '박사부심'을 또 부릴까 봐. 그렇게 그는 부서에서 점점 도태되고 있다.

이런 빌런을 만나면 어떻게 대응해야 할까?

박사부심을 부리는 잘못된 자만감을 가진 사람들에게는 매우 어려운 숙제를 주는 것이 좋은 방법이다. 보통의 신입사원에게 주는 것과는 결이 다른 종류의 숙제를 줘야 한다. 이공계라면 대학원 연구실이나 논문으로는 풀 수 없는 현장의 숙제를 주거나, 반대로 현장에서 풀지 못한 어려운 일의 단서가 될 만한 이론을 찾아서 정리하라고 하는 것도 좋다. 아직 입사한 지 얼마 안 된 상태에서 말이다.

본인만 잘났다고 생각하는 빌런을 상대하는 여러 가지 방법 중에 하나는 당사자가 쉽게 해결하지 못할 만한 숙제를 맡겨보는 것이다. 숙제를 해결하지 못하는데도 계속 박사부심을 부린다면? 살살 약을 올려보자. "OO연구실 박사도 비슷하네요. 크게 다르지 않군요"라고 아쉬운 투로 이야기하면 발끈할 수도 있지만(이런 경우는 손절), 자신이 할 수 있는 모든 노력을 다해서 숙제를 풀어올 수도 있다. 혹시 모르지 않는가? 어떻게든 숙제를 해결해오면 의도치 않은 윈윈(win-win)이 될 수도 있다.

빌런의 역사도 반복되는지 몇 해가 지나고 나에게도 박사학위 신입사원이 멘티로 들어왔다. 어김없이 같은 상황이 찾아왔지만, 한번 겪어봐서인지 이번에는 당황하지 않았다.

박사 신입 : 선배님, 저는 박사인데 이런 것도 해야 하나요?
나 :　네, 박사니까, 이런 사소한 일은 더 잘해야죠.

그래도 빌런에게 배울 게 있다면?

2022년 기준 대한민국 박사학위 졸업생은 약 1만 8,000여 명이라고 한다. 석사학위 졸업생은 약 8만여 명이라고 하니 매년 적지 않은 석박사 고학력자들이 사회로 나오고 있다. 몇 년간 공부하는 과정이 쉽지 않고, 우여곡절도 많았을 것이다. 하지만 본인은 특별한 과정을 밟았다 생각하더라도 사회에 나오면 비슷한 사람들이 꽤 많다.

그러니 박사학위자라 하더라도 신입 시절 초반에는 배움에 있어서 겸손해야 한다. 본인의 전공 분야에서 박사학위를 받은 것일 뿐, 회사에서는 신입사원이라는 것을 잊으면 안 된다. 내가 아무리 한 분야에서 오래 공부했을지라도 대부분 회사 업무에 바로 적용되지는 않는다.

다만 본인의 멘토나 팀원들이 실력 없고 지식 면에서 별로 아는 게 없어 보일 수도 있다. 부서 전체에 실망할 수도 있다. 이럴 때는 배울 수 있는 부분만 빠르게 배우고, 빼먹어도 되는 부분은 과감히 제외하고 실무 능력을 기르자. 하다못해 옆 팀 사람들을 소개해주는 정도, 다른 부서와 우리 부서가 업무 협업을 하는 절차 정도는 멘토가 도와줄 수 있지 않을까?

그러니 입사한 지 얼마 안 되었다면, 너무 빨리 본인의 발톱을 드러내지는 말자. 기회는 많다.

입사 6년 차의
믿을 수 없는 주간 보고

    평등한 기업문화를 만들기 위해 많은 기업들이 직급과 호칭을 통일하고 있다. 대한민국 1등 기업 S사의 경우 '님' 혹은 '프로'의 호칭을 사용하고, 어떤 기업은 '매니저' 혹은 영어 이름을 사용한다. 하지만 겉으로 보여지는 호칭과 직급은 평등해 보일지라도 여전히 연차와 직급에 따른 업무의 기대치는 남아 있다. 그 기대치에 '현저하게' 못 미치는 사람은 빌런이다. 일 못하는 게 죄냐고? 함께 일하는 동료들에게는 확실히 죄다. 일을 정말 못하는 것은 빌런이 맞다. 게다가 나 몰라라 하는 성격까지 갖췄다면 슈퍼빌런이다.

6년 차 G대리, 회사에서 대리란 '대신 리드'할 수 있는 능력을 갖춘 정도를 뜻하는 직급이다. 1인분의 역할을 충분히 해내는 것은 기본이고, 그 이상의 업무를 리드하기를 바라는 기대치가 담겨 있다. 다음은 G대리의 '2023년 XX주차 주간업무보고' 내용 중 일부분이다.

1. 업무 R&R 변경에 따라, 공용 폴더 관리 업무 인수인계 받음.
2. A구역 신규장비 인증심사 대응 관련, 점검 항목 List 인수인계 받음.

1년 차 신입사원이 아니라 6년 차 대리의 주간업무보고 내용이라고 하기에는 문제가 있다. 게다가 더 큰 문제는 G대리는 일을 배우려는 마음이 전혀 없다는 점이다. 모르는 내용을 물어보는 경우는 결단코 단 한 번도 없고, 가르쳐주려 해도 듣지를 않는다. 인상을 찌푸리고 건성건성 대답하는 것을 넘어서 대답도 하지 않는다. 최근에는 "우리 팀은 꼰대들밖에 없어"라는 이야기도 하고 다닌다. 당연히 매번 업무에 구멍이 생기고 다른 팀원들이 구멍을 메우느라 2~3배의 업무가 가중된다. 모든 팀원들이 점점 더 G대리를 멀리하는 것은 자연스러운 현상이다.

그 결과, 조직개편 때마다 G대리는 매번 팀이 바뀐다. 이유는 분명하다. 지금 팀에 남아 있으면 성과를 못 내는 것을 넘어서 팀 분위기를 해치기 때문에 사실상 방출된 것이다.

이런 빌런을 만나면 어떻게 대응해야 할까?

배우려고 하지 않는 사람을 억지로 끌고 갈 방법은 없다. 이런 빌런은 무시하는 게 답이다. 동기부여를 잘해주는 것이 좋은 리더의 덕목이라고 하지만, 마음을 닫고 있는 사람의 문을 억지로 열 수는 없다. 직장이 아니더라도, 본인이 하려는 의지가 전혀 없는 사람은 도와줄 방법이 없다.

게다가 직장에서 월급루팡(월급+괴도루팡, 맡은 일은 제대로 하지 않으면서 월급만 받아가는 직원을 일컫는 신조어)을 자처하는 사람들에게 내 에너지를 쏟으면 나만 지친다. 차라리 그 에너지를 다른 곳에 쏟는 것이 더 효과적이다. 내가 해야 할 일에 조금 더 집중해서, 열심히 하려는 다른 후배나 동료들에게 조금 더 에너지를 쏟는 것이 윈윈이다.

그래도 빌런에게 배울 게 있다면?

'회사가 내 미래를 보장해주지 않는다. 그러니 하루빨리 퇴사를 준비하라'는 말도 있다. 99.9% 동의한다. 국내 100대 대기업의 경우 임원으로 승진할 확률은 1%도 되지 않는다고 한다. 우리 모두는 언젠가 회사를 그만둘 시기가 온다. 그래서 회사에 평생 충성하거나 회사에 내 인생을 바치라는 이야기는 절대 하고 싶지 않다. 나 역시 회사에 무조건 충성하지 않는다. 하지만 회사에서 일하지 않고 배우려 하지 않는 것은 문제다.

한 취업포털 사이트의 조사에 따르면 20~30대 직장인의 70%가 월급 받는 만큼만 일한다고 한다. 반대로 회사는 직원에게 월급의 몇 배 이상의 수익을 내주길 기대하니 갈등이 생긴다. 게다가 하루하루 업무 성과를 월급'만큼'으로 측정하기는 어려우니 더더욱 각자의 기준으로 해석하게 된다.

조금만 다르게 생각해보자. 반대로 나에게 돈을 주는 이 회사에서 뽑아 먹을 것을 다 뽑아 먹겠다고, 배울 수 있는 것은 다 배우겠다는 마음으로 접근하는 것은 어떨까? 일을 하다 보면 반드시 한 번은 써봐야 하는 기획서나 보고서 작성은 나중에 내 사업을 위한 사업계획서를 미리 연습하는 것이라고 생각할 수 있다. 그 과정에서 여러 가지 툴(엑셀, 파워포인트 포함) 사용법을 배우고 익힌다. 평소에 필요했던 것들을 회사의 교육 프로그램을 통해서 배울 수도 있다.

본인이 관심과 의지가 있다면, 프로젝트를 처음부터 기획하고 팀을 구성하고 수행하는 과정에서 발생하는 문제를 직접 해결해가면서 수익을 내는 사업의 전반적인 절차를 직접 진행해보는 것도 좋다. 직책에 따라 담당할 수 있는 업무의 규모는 차이가 나더라도 회사에서 열심히 일해서 수익을 내겠다는 직원을 억지로 말리는 회사는 거의 없다.

일은 하라고 있는 거지,
던지라고 있는 것이 아닙니다

자신이 해야 할 일을 남들에게 떠넘기는 사람이 주변에 꼭 있지 않은가? 좋게 표현하면 업무를 분배하는 것이지만, 팀장이나 직책자가 아닌데 업무를 던지는(넘기는) 것은 빌런의 행동이다. 이런 빌런들은 해당 업무를 잘하는 사람에게 맡기고 자신은 다른 일로 성과를 내겠다고 그럴싸하게 포장한다. 정말 그럴까?

5년 차 J대리. 운이 좋은 건지 나쁜 건지 그는 대리로 진급하자마자 3명의 후배를 받게 되었다. 군대 용어로 표현하자면 풀린 군번이라고 할 수 있다. 처음 1년 정도는 본인 일도 잘하고 후배들을 열심히 가르치더니, 어느 순간부터 돌변했다. 후배와 선배 할 것 없이 본인이 해야 할 일을 거의 대부분 던지기 시작했다.

"P과장님, XX 회의는 과장님이 들어가시는 거죠? 제가 들어가면 연차가 너무 낮아 그쪽 부서에서 숙제만 받아올 것 같아요."

"K사원, YY팀에 친한 사람들 많지? 지난번에 같이 회식도 했다며. 이거 그 팀이랑 해야 하는 일이니까 K사원이 맡아서 처리하면 빨리 끝나겠다. 그렇지?"

"L사원은 엑셀을 정말 잘 다루네. 내가 하면 하세월인데 L사원은 1시간이면 다 끝낼 거야. 이것 좀 부탁할게."

다른 사람들에게 일을 다 던진 후, 그가 하는 일은 정시 퇴근이다.

이런 빌런을 만나면 어떻게 대응해야 할까?

전형적인 직장인 가스라이팅이다. '이건 네가 더 잘하니까 네가 하는 게 낫다', '이건 나보다 네가 해야 효율이 높다'라는 식으로 상대의 기를 살려주는 척, 칭찬하는 척하면서 본인은 쓱 빠지고 모든 업무를 넘겨버린다. 이런 빌런에게 가스라이팅을 당하지 않으려면, 끝까지 오리발을 내밀어야 한다. 내가 잘하는 것이 있어도, 빌런 앞에서는 티를 내지 말아야 한다. 못한다고 오리발을 내밀자. 거절하기 어려운 상황이라면 빌런에게 무한 질문으로 귀찮게 만들자.

빌런 J대리 : L사원이 엑셀을 잘하니까 이거 좀 빨리 정리해줘.

L사원 : (조금 하다가) 대리님, 여기는 이렇게 하면 되겠죠?

(30분 뒤) 대리님, 여기서 막히는데 어떻게 해야 할까요?

(또 30분 뒤) 대리님, 글씨체랑 크기는 이 정도면 되겠죠?

그래도 자꾸 일을 던진다면? 해당 업무에 대한 매뉴얼을 만들어서 제공하자. 매뉴얼을 만드는 데 시간이 오래 걸리기는 하지만, 한번 만들어두면 일을 넘길 때마다 들이밀면서 효과적으로 빌런을 차단할 수 있다.

"대리님, 제가 매뉴얼을 만들어놨어요. 저는 팀장님이 시키신 일이 있어서 그것부터 할게요."

또한 매뉴얼을 만드는 과정에서 나의 능력도 올라가고, 팀 내에서 활용하는 사람이 많아질 수도 있다. 더 나아가서 사내교육 교재로 활용할 수준이 된다면 내 몸값이 올라가는 소리가 들릴 것이다.

그래도 빌런에게 배울 게 있다면?

가스라이팅을 잘하는 사람들은 어떤 면에서는 상대를 적절히 칭찬할 줄 아는 기술이 있다. 말 한마디로 상대가 기분 좋게 구름을 타게 만드는 것이다. 그러기 위해서는 관찰력이 뛰어나야 한다. 상대의 안 좋은 부분을 찾아서 뒷담화만 하는 것이 아니라 상대의 장점을 함께 발견할 줄 알아야 한다. '빌런들을 대놓고 뒷담화해보자'며 이 책을 쓰고 있지만, 가장 좋은 것은 상대의 장점을 발견하고 칭찬하는 것이다.

비교적 칭찬에 인색한 곳이 대한민국의 직장이다. 그러니 약간의 과장과 가식이 섞여 있더라도 동료를 칭찬하면, 그를 내 편으로 만들 수 있다. 내 편으로 만드는 것까지는 못하더라도, 나에 대한 호감도를 높일 수 있다. 이런 사내 인맥이 언젠가 내가 곤란한 상황에 놓였을 때 도움받을 수 있는 동료가 된다.

예스맨보다
더 싫은 몰라맨

함께 일하기 힘든 동료 유형 중에 하나가 예스맨이다. 이들은 평소에도 거절을 못 해서 타 부서의 요청에 무조건 예스(Yes)를 남발한다. 쉽게 말해서 온갖 일을 다 받아온다. 모든 일을 우리가 다 할 수는 없으니 거절할 것은 거절해야 하는데, 온갖 숙제를 떠안는다. 예스맨 덕분에 우리 팀, 우리 부서, 나에게 일이 과중하게 몰린다.

하지만 이보다 더 심한 빌런은 뭐든 아는 게 없는 몰라맨이다. 특히 몰라맨을 우리 팀 소속이 아니라 유관 부서나 협업 부서로 만나게 되면 그야말로 가관이다. 하나부터 열까지 모든 질문에 '모른다', '나는 담당자가 아니다' 등으로 일관되게 답변한다. 사내 메신저나 메일을 통해 비대면으로 물어보는 경우에는 하루 종일 답변을 하지 않는다. 그러다 퇴근시간이 되면 메신저에서 슬그머니 로그아웃한다. 모른다는 답변조차 하지 않은 채 퇴근해버린다.

사내교육 담당자인 G차장. 매년 약 10명씩 선발하여 3년의 장기 교육과정을 기획하고 운영하는 담당자다. 차수별로 매번 피드백을 받아 교육 프로그램을 보완하며 총 10차수를 운영해야 한다. 그런 그에게 가장 기본적인 교육 일정, 교육 기간 중 휴가 사용, 강사 프로필, 과제 발표, 시험 일정 등을 물어보면, 그는 모든 질문에 모르쇠로 일관한다. 본인이 담당자인데도 아는 게 없다고 한다. 총괄 책임을 져야 하는 위치임에도 불구하고 자기는 담당자가 아니라는 망언까지 한다.

덕분에 교육생들은 당일이 돼서야 시험 일정을 알게 되고, 과제 발표도 하루 전에 듣고 부랴부랴 밤샘 준비를 한다. 그런데 아직도 궁금한 것 한 가지. 몇 차수 내내 저러고 있고 여전히 변하지 않는데 왜 해당 팀에서는 아무런 조치도 하지 않는 걸까?

하긴 내가 몰라맨과 같은 팀원이라면, 틀이 안 잡힌 상태로 몇 년째 진행하고 있는 일을 굳이 받으려 하지 않을 것이다. 뒤처리는 물론 온갖 비난과 부정적인 피드백은 변경된 담당자인 내가 감당해야 하니까.

이런 빌런을 만나면 어떻게 대응해야 할까?

매번 모른다는 말로 대응하는 사람은 공식적인 요청으로 맞서야 한다. 회사에 따라 다르지만 보통의 경우 상대 부서의 팀장, 임원 등을 포함하여 업무 내용을 메일로 주고받자. 증거를 남기자는 것이다. 경우에 따라서는 메일이 아니라 기안서를 작성해야 할 수도 있고, 단체 메신저를 이용할 수도 있다. 아웃룩을 사용하는 경우라면(대부분의 경우에 해당할 것이다) 해당 업무의 일정을 등록해두자. 이 경우에도 상대 부서의 팀장 이상을 무조건 포함해야 한다.

모르쇠로 행동하는 빌런 때문에 내가 일방적으로 피해를 입지 않으려면, 담당자의 잘못이 있다는 것을 명확히 증거로 남길 필요가 있다. 동료끼리 어떻게 그럴 수 있느냐고? 그러지 않으면 손해와 피해를 고스란히 떠안는 것은 나다.

그래도 빌런에게 배울 게 있다면?

내가 모르는 것이나 해결할 수 없는 질문과 요청이 들어오면 공부해서 알려줄 수도 있고, 해당 분야의 전문가를 찾아서 연결해주는 것도 방법이다. 이 내용을 기록해두고 나 역시 배우려고 해보자. 담당자를 정리해두는 것만 해도 도움이 된다.

회사생활을 하면서 모든 것을 다 아는 것은 불가능하다. 회사란 여러 사람이 일을 나눠서 하며 성과를 내는 곳이다. 각자 전문 분야가 있고 해야 하는 역할도 다르다. 그러니 대부분의 일을 모르는 것이 어떻게 보면 정상이다.

모르는 것을 창피해하거나 미안해하지 말고 찾아보자. 해당 분야의 전문가 혹은 담당자를. 단, 내 일도 하지 않은 상태에서 상대의 질문이나 요청 사항을 먼저 처리하지 말자. 우선순위를 따지자면 내 일이 먼저다.

협력업체에
행하는 오묘한 갑질

　회사 간에 업무를 진행할 때는 갑과 을의 관계가 만들어진다. 보통의 경우 구조상 고객사는 갑의 위치이고 협력업체는 을의 입장이다. 어쩔 수 없는 상황이다. 하지만 고객사에서 일한다고 해서 협력업체의 직원보다 위에서 군림하는 것은 옳지 않다.

　여러 협력업체의 원료와 제품을 비교 평가해서 가장 좋은 업체를 선택하는 K과장. 그가 결정한 원료와 제품이 생산 라인까지 이어지면 해당 업체의 매출과 이익은 기하급수적으로 늘어난다. 자연스럽게 K과장은 업체들 사이에서 갑의 위치로 올라간다. 그런 그는 협력업체들의 기강을 잡아 우리 쪽에 유리한

조건으로 협상을 끌어내겠다는 명분으로 교묘하게 갑질을 시전한다.

- 회의 시작 1분 전에 아무 이유 없이 일정을 변경한다.
- 회의 중간중간 전화를 받으며 자리를 자주 비운다.
- 휴일이나 명절 등이 있는 연휴 기간에 보고서나 샘플 반입을 긴급 요청한다.
- 기록에 남지 않도록 문자나 메일이 아니라 말로 요청하는 일이 빈번하다.

그의 갑질은 물품이나 접대를 받는 것이 아니다. 특정 업체의 평가 결과를 조작하거나 유리한 방향의 보고서를 작성하지도 않는다. 차라리 이런 갑질이라면 깔끔하게 징계처분을 할 텐데, 그런 것들은 적절히 피해간다.

그는 자신이 상대방보다 위에 있음을 교묘하게 드러낸다. 협력업체의 입장에서는 불만이 쌓이지만, 딱히 불쾌함을 드러내거나 문제를 공론화하기도 애매한 상황이다.

이런 빌런을 만나면 어떻게 대응해야 할까?

같은 회사에서 일하는 나에게 직접적인 피해를 주는 것은 아니다. 다만 일을 처음 배우는 신입사원 시절부터 이런 갑질러와 함께 다니다 보면 그런 행동이 정답인 것처럼 배우고 따라 할 수 있다. 이런 부분을 주의해야 한다.

또한 빌런과 같은 팀일 때는 나만의 개인 행동을 삼가야 한다. 빌런의 갑질이 심하다는 이유로 내가 따로 나서서 협력업체와 일정이나 업무를 조율해서는 안 된다. 함께 일하는 동료를 무시하는 행동이 될 수 있으며, 팀과 회사의 신뢰가 무너지게 된다. 또한 협력업체에게는 우리 측의 정당한 요구도 나를 핑계 삼아 빠져나갈 여지를 줄 수 있다. 빌런이 선을 넘었다고 생각하면 그와 직접 단둘이 이야기하더라도, 나 홀로 협력업체와 연락하지는 말자.

그래도 빌런에게 배울 게 있다면?

K과장의 행동은 갑의 위치에서 유리한 협상을 위한 나름의 방식일 수 있다. 실제로 비슷한 수준의 두 업체를 대상으로 가

격을 흥정하거나, 우리 회사에만 독점으로 제공하는 등의 유리한 항목을 넣고 계약을 성사시키기도 한다. 회사에 이득이 되는 결과를 낸다면 빌런이라 부르기에 무리한 부분도 있다.

그가 항상 하는 이야기처럼 상대에게 하나부터 열까지 호의적으로 대한다면, 유리한 위치를 선점하지 못할 수도 있다. 하지만 갑과 을이 아닌 같은 직장인의 입장에서 조금은 배려할 수 있지 않을까? 회의를 취소해야 한다면 사전에 공지하거나, 최소한 금요일 저녁이나 명절 때는 급하다는 핑계로 실제로는 급하지도 않은 업무 요청을 하는 일은 지양하는 것이 좋다. 언젠가 나 또한 다른 누군가에게 을의 위치에서 같은 상황에 놓일 수도 있다.

가장 중요한 것은 갑의 위치라 하더라도 접대나 향응은 절대 받지 말아야 한다는 점이다. 직장생활을 불명예스럽게 끝낼 수 있는 가장 쉬운 길이다.

물어보는 순간
담당자가 됩니다

본인을 소통의 왕이라고 생각하는 L차장. 당시 중간관리자였던 그는 자기 할 말만 하는 것을 대화와 소통이라고 생각하는 빌런이다. 그런 그의 별명은 '넌데?'이다. 무슨 뜻일까? 몇 가지 사례를 살펴보자.

사례1)

회사에서는 신입사원이 오면 보통 3~5년 차 선배들을 멘토로 선정한다. 멘토로 선정되면, 신입사원들의 PC 설치부터 최소 1년간 진행될 멘토링 계획서 작성 등 사전에 준비할 일들이 있다. 당장 다음 주에 들어오는 신입사원의 멘토가 누구인지 전혀

모르는 상황에 궁금한 나는 L차장에게 물어본다

나 : 신입사원 멘토는 누가 하나요? 미리 알아야 준비할 텐
　　데요.

L차장 : 아, 멘토? 그거 넌데?

사례2)

노후 장비를 현장에서 철거해야 하는 일이 있었다. 장비에
연결된 주요 부속품을 사전에 분리해놓고, 장비 철거에 필요한
지게차도 예약해야 하며, 철거한 장비를 임시 보관할 창고 공간
도 마련해야 한다. 또한 만에 하나 발생할 수 있는 안전사고를
대비하여 안전팀의 협조도 구해야 하는 등 여러 부서와 협업하
려면 사전에 준비할 사안이 많다.

나 : 차장님, 장비 철수는 담당자가 누구예요? 사전에 처리할
　　일이 많아서 여기저기 연락해야 할 곳도 많을 텐데요.

L차장 : 그거, 담당자 넌데?

두 예시 모두 사전에 담당자가 선정된 상황이 아니었다. 그

자리에서 즉흥적으로 결정된 것이다. 나중에 이유를 물어보니L 차장의 대답은 이러했다.

"아무도 궁금해하지 않는데, 네가 물어보는 건 관심 있다는 뜻이잖아? 그래서 너를 담당자로 지정한 거야."

이런 빌런을 만나면 어떻게 대응해야 할까?

일차원적인 대처법이지만 빌런에게 한두 번 당하고 나서는 무슨 일이든 먼저 묻지 않는 것이 방법이다. 물어보는 순간 또다시 '넌데?'라는 말을 들을 수 있기 때문이다. 아무런 고민 없이 즉흥적으로 결정되는 일에 더 이상 휘둘리고 싶지 않으니 말이다.

그렇다고 일을 아예 하지 않을 수 없는 현실. L차장과 함께 일하는 다른 동료들이 일을 나누기 시작했다. 상반기에 신입사원 멘토는 A가 했으니 하반기에는 B가 맡는다. 이번 노후 장비 철거는 C가 했으니, 그 자리에 들어올 신규 장비 설치는 D가 담당한다. 이렇게 간단하게 해결할 수 있는 업무 분배조차 L차장은 하지 못한다.

그래도 빌런에게 배울 게 있다면?

리더들의 잘못된 행동 중에 하나가 '일방적인 통보' 형태의 업무 하달이다. 요즘의 기업문화는 수평적인 평등 관계를 중요시한다. 하지만 여전히 일은 톱다운(Top-down)으로 위에서 내려오는 경우가 대부분이다. 내가 톱다운으로 일을 받았다고 해서 후배들에게 똑같이 톱다운으로 일을 주지 말고 충분히 설명해주는 것은 어떨까?

"이 일을 하는 목적은 무엇이고, 언제까지 해야 한다. 이런 문제점들이 우려되는 상황이니 어느 부서와 주로 일을 해나가야 한다."

매일같이 바쁜 상황에서 하나하나 자세히 설명하기가 쉬운 일은 아니다. 말하지 않아도 알아서 해줬으면 하는 마음이 드는 것도 사실이다. 하지만 이런 일이 쌓일수록 서로의 불신은 커져가고 보이지 않는 벽은 더욱 단단해진다. 언론에서 흔히 말하는 요즘 MZ세대는 일 자체를 안 하려는 성향이 있는 게 아니다. 어떤 일이든 목적을 확실히 이해하고 충분한 설명을 듣는다면, 누구보다도 책임감을 갖고 맡은 일을 해낸다.

회사에서 고스톱 치나?
광팔이 좀 멈춰!

고스톱에서 광을 파는 사람이 있는 것처럼 회사에도 '광팔이'가 있다. 본인이 하지 않은 일을 마치 본인이 한 것처럼 부풀려 성과만 가져가는 사람들을 회사에서는 '광팔이'라고 부른다.

평소 애연가인 Y차장. 그는 하루 업무 시간의 절반을 흡연장에서 보낸다. 이 자체도 마음에 들지 않지만, 우리가 정말 싫어하는 이유는 따로 있다. 그는 오지랖이 너무 넓다. 여기저기서 동료들이 무슨 일을 하는지 매번 기웃거리다 업무 성과가 곧 나올 것 같은 일들을 빠르게 포착한다. 마치 자기가 도와줄 것처럼 업무 처리에서 어려운 부분을 물어보기도 하고, 목표 대비 결과가 얼마나 나왔는지 물어보면서 많은 정보를 가져간다.

그리고 그는 커피 한 잔을 뽑아 흡연장으로 간다. 흡연장에서 20~30분 기다리니 조직의 임원인 P상무가 나온다. 사실 이런 빌런들은 임원들의 흡연 패턴을 이미 다 꿰고 있다. Y차장은 마치 우연히 흡연장에서 마주친 것처럼 P상무에게 쪼르르 달려간다. 보통 흡연을 하는 임원들은 담배 친구가 없다. 임원이라면 다들 피하기 바쁘니까. Y차장은 P상무의 담배 친구가 된다. 대한민국 회사에서 통하는 3가지의 연줄이 학연, 지연 그리고 흡연이라는 말이 괜히 나온 것이 아니다.

담배를 피우다 보면 자연스럽게 업무 이야기가 오갈 수밖에 없다. Y차장은 이때를 놓치지 않고 그동안 자신이 주워들은 동료들의 업무 성과를 하나씩 꺼내놓는다. 여기서 문제는 마치 '자신이 진행한 것'처럼 포장해서 말한다는 것이다. '이런 애로 사항이 있으니 상무님께서 도와달라, 언제까지 기다리면 결과가 나온다, 결과가 잘 나오면 상무님께서 우리 팀 회식시켜달라' 등 온갖 이야기들이 흡연장에서 오고 간다.

진행 중인 업무의 결과가 나오고 P상무에게 보고하러 간 자리, P상무는 이미 다 들은 내용이라는 말과 함께 업무에 참여하지도 않은 Y차장을 칭찬한다.

이런 빌런을 만나면 어떻게 대응해야 할까?

내 밥그릇은 내가 챙겨야 한다. 어쩔 수 없다. 회사, 아니 사회에는 앞에서는 웃으면서 뒤로 뒤통수를 치거나 상대방을 이용하려는 사람들이 반드시 존재한다. 이런 사람들의 특징은 앞에서는 꽤나 친절하고 빌런 티를 내지 않는다는 것이다.

내가 만든 모든 자료들(엑셀, 파워포인트, 워드 등)에 내 이름이나 나만의 표시를 티 나게 해놓자. 또한 광팔이 빌런이 그랬던 것처럼 나의 상사에게 중간 보고를 틈틈이 하자. 빌런처럼 흡연장도 좋고, 밥 먹으러 가는 길도 좋고, 우연히 마주친 엘리베이터에서 말하는 것도 좋다. 필요하다면 일대일 면담 신청을 해도된다. 생각보다 상사들은 중간 보고를 귀찮아하지 않는다. 오히려 아무 보고도 없는 것을 더욱 경계한다는 것을 잊지 말자.

그래도 빌런에게 배울 게 있다면?

얄밉고 얌체 같고 화를 불러일으키는 빌런인 것은 맞지만, 분명 배울 점이 있다. 먼저 본인의 상사를 피하지 않는 것이다. 대부분의 직장인들은 자신의 상사 특히 임원들을 어려워해서 나에게 말을 걸지 않았으면 하는 마음이 있다. 하지만 Y차장은 반대로 윗사람들에게 먼저 다가가고 사적인 대화이든 업무 이야기든 자연스럽게 나눈다.

또한 중간 보고를 수시로 한다. (물론 그 일을 자신이 직접 하지 않는 것이 문제이지만) 성향에 따라 다를 수는 있지만 대부분의 상사들은 결과만 나열한 업무 보고를 받는 것보다 틈틈이 중간 보고를 받는 것을 선호한다. 중간 보고를 통해 프로젝트 일정을 조율하고 인력이나 투자 비용을 추가하는 등 계획을 세울 수 있기 때문이다. 실제로 팀장이나 임원들은 '어느 날 갑자기 좋지 않은 결과를 보고받는다면, 길을 걷다 뒤통수를 맞는 느낌이 들 수밖에 없다'고 이야기한다.

월권행위는 그만!
본인 궁금증 해결도 그만!

모든 회사일이 마찬가지지만, 연구소는 특성상 공동의 목표를 가지고 여러 부서가 많은 실험과 평가를 통해 특정한 성과를 내야 한다. 하지만 회사라는 곳은 여러 부서들의 이해관계가 엮여 있다. 공동의 목표를 달성하기 위해 일하는 것은 맞지만, 누군가의 잘못된 업무 요청이 누군가에게는 과도한 업무로 이어질 수 있다.

우리 팀과 같은 프로젝트를 진행하는 옆 팀의 J팀장. 대부분의 일이 그렇듯이, 한두 번 만에 좋은 결과를 얻을 수 없기에, 그는 유관 부서들에게 더 많은 실험과 더 많은 검증을 요구한다.

몇 가지 사례를 들어보자.

신제품으로 새로운 라면을 개발하는 과정을 예시로 생각해보자. 맛있는 라면을 만들기 위해서는 한 번이라도 더 많이 라면을 직접 조리해봐야 한다. 이를 위해서는 당장 물을 끓일 수 있는 가스레인지와 냄비가 있어야 하고, 많은 양의 면과 다양한 종류의 스프가 필요하다. 하지만 이런 장비와 재료는 무한정 제공되는 것이 아니다. 그래서 한정된 자원을 가지고 최고의 결과를 내기 위해 다들 노력하고 있다.

J팀장은 이런 상황을 고려하지 않은 채, 일방적이고 지속적인 요청만 한다. 고려했을 수도 있지만, 요청받는 팀의 입장에서는 그렇지 않다.

"XX 팀에서 결과를 내주셔야 우리가 다 같이 살 수 있어요. 좀 더 평가해서 내일 회의 때 결과를 좀 알려주세요."

같은 일을 하면서 우리 팀의 결과만 기다리고 있다는 이야기를 하기도 한다. 그뿐이 아니다. 자기 팀도 아닌 상대 팀의 업무에 대해 기본 지식도 없이 훈수를 두기도 하고 본인의 궁금증을 해결하려고도 한다.

"불 온도를 100도가 아니라 130도로 하면 어떻게 되나요? 물 끓이는 시간을 3분이 아니라 3분 5초로 하면 어떨까요? 아니, 자꾸 안 된다고 하지 말고 일단 테스트해보면 되지 않나요?"

해당 장비의 최대 온도는 120도이고, 물을 끓이는 시간은 ±10초의 오차가 있다. (예시를 들어 설명한 것이니 오해하지 말자.)

이런 기본 지식도 없이 상대 팀에게 훈수를 두고 본인의 궁금증을 해결하려 하니, 더더욱 우리 팀은 보수적인 입장을 취하게 된다. 한두 번을 넘어 한두 달이나 반복되는 상황에서 협업은 점점 더 멀어진다.

이런 빌런을 만나면 어떻게 대응해야 할까?

상대가 원하는 것을 그대로 다 들어줄 수는 없다. 요청하는 사람도 말만 하는 것이 아니라 직접 일에 합류하도록 한다. 나의 경우, 실험에 필요한 사전 재료를 준비하는 업무를 빌런에게 요청한다. 평가를 해보고 싶지만 재료가 모자라니 구해오라고 한다.

또한 평가 결과를 정리하는 업무도 빌런에게 요청한다. 어떻게 보면 내 일을 떠넘긴 것일 수도 있지만, 우리 팀의 기존 업무에서 플러스알파(+α)만큼 요청한 것이니 인력이 부족하다는 명분하에 일방적으로 일을 받지 않는다. 내 방식이 정답은 아니다. 하지만 '호의가 계속되면 권리인 줄 안다'는 영화 속 대사는 현실에서도 맞는 말이다.

그래도 빌런에게 배울 게 있다면?

상대 팀 혹은 상대방에 대한 월권행위는 지양하자. 관련 지식도 없으면서 상대방의 업무에 감 놔라 배 놔라 하는 행동은 더더욱 하지 말자. 직설적으로 말하자면 본인의 무지함과 무능함을 티 내는 것밖에 되지 않으며, 함께 일하는 동료들 혹은 상대 팀이 쇄국정책을 펼치는 빌미만 제공할 뿐이다. 이렇게 보수적으로 변한 상대와는 일하기가 더더욱 어려워진다.

또 한 가지. 내가 상대 부서에 업무 요청을 빈번하게 해야 하는 상황이라면 내가 할 수 있는 일은 최대한 미리 준비해놓자. 위의 사례에서 내가 평가를 요청할 때 가스레인지는 준비하지 못해도 면과 물은 내가 미리 마련해둘 수 있다. 다 끓인 라면을 담을 그릇이나 젓가락을 준비해도 좋다. 딱딱하게 부서 대 부서로 업무 요청을 하면 원활한 협조를 끌어내기 힘들다. 결국 모든 일은 사람이 한다는 것을 잊지 말자.

정당하게 업무 요청을 하는데도 상대가 받아주지 않는다면, 앞서 말한 것과 같이 메일이나 기안서 등을 통해 공식적으로 요청하자. 상대 팀의 팀장과 임원을 반드시 포함해서.

선물은 회사가 주고,
감사 인사는 팀장이 받고?

조직활동비 지원이라는 회사의 복지제도가 있다. 법인 카드로 직원들이 사용할 수 있는 비용이 매달 인원수에 맞춰서 지급된다. 이 비용으로 보통은 팀원들이 함께 점심이나 저녁 회식을 하거나, 근무시간 중간에 티타임을 가지기도 한다. 필요에 따라서는 팀원들이 먹을 간식을 사놓거나, 팀 행사 비용으로 충당한다.

그러나 K팀장은 이 비용을 모두 사용하지 못하게 한다. 팀원들과 아무런 의논도 하지 않고 자신이 정하고 통보한다.

"팀원 생일 때 선물을 사줘야지."

언뜻 좋은 생각일 수도 있지만, 선물을 그냥 받는 것도 아니다. 본인이 받고 싶은 선물을 고르고, 그 이유와 어디에 어떻게 사용할 것인지 팀 전체에 메일로 공유하라고 한다. 또한 선물을 받은 후에는 인증사진과 함께 '좋은 선물을 주서서 팀장님께 감사드린다'라는 내용의 메일을 쓰도록 지시했다. 본인이 직접 말하면 체면이 떨어지니, 팀장에게 영혼까지 팔아버린 빌런(뒤에서 다룬다)에게 분위기를 만들라고 시킨다.

K팀장 본인 사비로 선물을 사는 것이 아니라 회사의 비용으로 사는 것이다. 하지만 K팀장은 자기가 사주는 것처럼 엄청나게 생색을 낸다. 법인 카드로 사는 건데도 말이다. 조직활동비를 직원들이 자유롭게 쓰지도 못하고 팀장 마음대로 선물을 사는 것인데, 왜 우리는 그에게 '팀장님 덕분에 좋은 선물을 받았다'라고 굽신거리는 메일을 써야 하는가?

나중에 알게 된 사실이 있다. K팀장은 (반강제적으로 작성한) 팀원들의 메일을 모아 상사(임원급)에게 '팀원들이 나에게 이 정도로 고마움을 표현한다'라는 증거자료로 썼다고 한다. 그러나 임원들은 바보가 아니다. 직원들과 면담을 통해 반강제적인 행동이었음을 알게 되었다.

아직은 팀장의 자리를 유지하고 있지만, 저 정도 그릇밖에 안 되는 사람이 더 높고 더 큰 자리로 올라갈 수 있을까?

이런 빌런을 만나면 어떻게 대응해야 할까?

팀원인 내가 혼자서 팀의 분위기를 바꾸기는 어렵다. 게다가 팀장의 방식에 무조건 오케이(OK)를 하는 팀원들이 어디든 한두 명은 있게 마련이다. 팀장의 방식을 대놓고 반대하거나 눈에 거슬리는 행동은 하지 않는 것이 좋다. 경험상 외로운 투사가 되는 것은 얻는 것보다 잃는 게 더 많다. 윤리적으로도 옳지 않고 법적으로도 옳지 않은 일이라면 따라서는 안 되겠지만, 꼭 이런 부분을 교묘하게 피해가는 게 빌런이다. 최소한으로 맞춰가면서 뒷담화를 하는 것으로 답답한 마음을 달래자.

하지만 회사에서 '돈'과 관련된 일들은 원칙대로 하지 않으면 결국 문제가 된다. 나중에 문제가 될 상황에 대비하고 어떻게든 대응할 기회를 엿보고 있다면 잘 기록해두자. 언제 어떤 일이 있었고, 어떤 상황에서 비용 처리를 어떻게 했다는 내용을 잘 적어두자. 사내 메신저나 이메일 같은 확실한 물적 증거가 있으면 더 좋다. 그렇다고 내가 먼저 나서서 신고할 필요는 없다. 어떤 형태로든 회사 차원에서 조사가 진행되면 그때 증거를 보여주면 된다.

그래도 빌런에게 배울 게 있다면?

본인이 팀장 같은 직책자라면, 부디 함께 일하는 팀원들의 의견을 물어보자. 혼자 결정하지 못하고 우유부단하게 행동하는 모습을 보여주라는 것이 아니다. 본인이 제왕의 권력을 가진 것처럼 행동하지 말라는 뜻이다. 모든 것을 본인 마음대로 정하는 팀장과 함께 일하는 팀원들은 자율성이라고는 없이 숨만 쉬는 꼭두각시 인형이 된 느낌을 받는다. 그리고 하루하루 의욕을 잃어가고 무기력해지는 악순환이 반복된다.

퇴근 후에 일어나는 일이라면 더더욱 그렇다. 가장 대표적인 것이 회식이다. 팀장이 오늘 저녁에 갑자기 회식을 하자고 하는 것만으로도 싫은데 메뉴도 본인 마음대로 정한다. 본인의 사비가 아닌 법인 카드를 사용하면서 팀원들의 의견은 묻지도 않는다. 당연히 분위기가 좋을 리 없다. 개인 사비로 하는 회식이라면 다를 수도 있다. 생색만 내지 않는다면.

한 가지 더. 회식에서 가장 멋진 팀장은 법인 카드라 할지라도 카드만 주고 사라져주는 사람이라는 말이 있다. 모든 회식 자리에서 빠지라는 것이 아니다. 한 번씩은 팀장 없이 팀원들끼리만 시간을 보내는 것도 좋다. 그래서 직책자는 항상 외로운 자리라고 한다. 하지만 팀장도 임원과의 갑작스러운 회식이 매번 즐겁지는 않을 것이다.

K대리, 이번 휴가
꼭 가야 해?

직장인이라면 누구나 기다리는 3가지. 한 달에 한 번 찾아오는 월급, 매주 설레는 마음으로 기다리는 주말, 그리고 내가 원하는 대로 쓸 수 있는 휴가. 대한민국 직장인이라면 '근로기준법 60조 연차 유급휴가'에 따라 1년간 80% 이상 출근한 근로자는 15일의 유급휴가를 받을 수 있다. 1년 미만의 신입사원이라면 1개월 개근 시 1개의 연차휴가가 발생하고 1년간 최대 11일의 유급휴가를 받을 수 있다. 그리고 이 휴가 사용을 보호하기 위해, 고용노동부는 '정당한 이유 없이 휴가를 사용하지 못하도록 압력을 행사하는 행위'를 직장 내 괴롭힘 행위로 규정하고 있다.

지난 일주일 월화수목금요일 하루도 빠짐없는 야근에 토요일 출근까지 한 탓에 몸과 마음이 지친 J과장. 일요일 하루 늦잠을 자며 푹 쉬었지만 그동안 너무 무리했던 탓인지 회복이 되지 않는다. 대학생 때는 며칠 밤을 새워도 끄떡없었는데 지금은 하루 이틀만 야근해도 병든 닭처럼 빌빌거린다. 월요일 아침, 생각보다 몸이 좋지 않은 것을 느낀 J과장은 더 심해지기 전에 빨리 병원에 가서 수액이라도 맞고 회복해야겠다는 마음으로 휴가를 쓰기로 한다.

"과장이라는 사람이 당일 아침에 휴가 쓴다고 말하는 게 어딨어? 아파도 회사에서 아파야지. 우리 때는 아파도 출근하면 다 멀쩡해지고 그랬어. 어서 준비하고 나와."

요즘 MZ세대들은 개인의 권리 주장도 잘하고 불합리한 상황에서는 자기 의견을 잘 표출한다는데 중간에 낀 세대인 J과장은 아무런 말도 하지 못한다.

"논다는 게 아니라 정말 몸이 너무 안 좋아서 하루 쉬려는 거예요."

이 한마디를 쉽게 꺼내지 못하는 J과장. 회사의 허리라는 과장 직급에서도 하루 휴가조차 마음대로 쓰지 못하는 자신의 상황을 한탄하며 힘겹게 가방을 챙긴다. '이직을 하는 게 맞는 걸까'라는 고민과 함께.

추석 명절에 맞춰 가족 여행을 준비하고 있는 K대리. 이번 명절은 흔히 말하는 황금연휴로 주말과 명절 사이에 이틀만 휴가를 내면 9일간 쉴 수 있다. 몇 달 전부터 K대리는 부모님, 동생과 함께 큰집에서 다 같이 제사만 지내고 바로 제주도로 넘어가 5박 6일의 가족여행을 하기로 계획했다. 입사 후에 회사일을 핑계로 명절에 부모님도 자주 찾아뵙지 못했는데 이번 기회에 효도를 한다고 생각하니 자기도 모르게 웃음이 났다. 하지만 역시 회사일로 마음이 편할 수만은 없는 K대리는 명절 전까지 업무를 마무리하기 위해 매일 야근 중이다. 여행을 가서 즐거워할 부모님을 생각하니 피곤한 것도 참을 수 있다.

추석 일주일 전, 외국의 고객사에서 갑자기 제품에 불량이 발생했으니 전수조사를 해달라는 연락이 온다. 작년에도 이러더니 올해도 비슷한 시기에 같은 요구를 한다. 이 정도면 한국의

추석 연휴를 알고 일부러 이러는 것 아닐까 하는 의심이 들 지경이다. 하지만 매출의 상당 부분을 차지하는 고객사인 만큼 바로 대응책을 세운다.

"K대리, 다음 주 휴가 꼭 가야 해? 지금 비상근무잖아. 다들 명절도 없이 이렇게 바쁜데 혼자 휴가 가려고? (대답을 듣기도 전에) 일단 휴가를 좀 미루자. 이번 일만 끝내고 K대리가 제일 먼저 휴가를 가. 알았지?"

다 같이 출근해야 한다는 반강제성 지침으로 인해 결국 K대리는 휴가를 포기한다. 부모님도 아쉬워하는 눈치이지만 "회사에서 네가 얼마나 필요한 사람이면 그러겠니"라는 말로 K대리의 어깨에 힘을 실어주신다. 그나마 다행인 것은 부모님과 동생은 여행을 다녀온다고 한다. 끝까지 안 가겠다고 하셨지만, K대리의 애절한 마음에 승낙하신 여행이다. 이 회사를 얼마나 더 다니고 어느 위치까지 올라가야 미리 계획한 명절 여행을 마음 편하게 다녀올 수 있을까?

이런 빌런을 만나면 어떻게 대응해야 할까?

개인의 휴가를 정당한 이유 없이 사용하지 못하게 하는 것은 직장 내 괴롭힘이 될 수 있지만, 이런 이야기를 직접 상사 앞에서 하는 것은 좋지 않은 방법이다. 상사는 지금 시기에 휴가를 낼 수 없는 정당한 이유를 수십 가지도 더 댈 수 있다. 그리고 어차피 대화가 안 되는 상사에게는 「근로기준법」을 애초에 들먹일 필요조차 없다.

휴가로 눈치를 주는 상사들의 가장 대표적인 이유는 업무 공백이다. 그러니 내 휴가 기간 동안 처리해야 하는 업무와 예상 가능한 이슈 및 대응 방법을 미리 준비해보자. 물론 일이라는 것이 갑자기 문제가 생기고 누구도 예상하지 못한 사건이 발생하기도 한다. 이럴 때 나를 백업해줄 수 있는 동료도 미리 지정해두었다가 도움을 구하자. 이렇게까지 했는데도 절대 휴가를 승인해주지 않는 상사에게 더 이상 할 수 있는 방법은 없다. 지금 당장 노동청에 신고한다 하더라도 바로 휴가를 갈 수 있는 것은 아니니까.

법으로 정해진 휴가를 내 마음대로 쓰지 못하는 상황이 안타깝고 화가 나지만, 조직의 오랜 악습과 몇몇 개인의 오래된 사고 방식을 나 혼자 나서서 하루아침에 바꾸기는 어렵다. 그러니 앞으로 조금씩 바꿔가기 위한 노력의 일환으로 지금 당장 나의 휴가를 내가 지키도록 에너지를 쏟아야 한다.

그리고 솔직한 마음 한 가지. 오만 가지 이유를 들먹이면서 휴가를 쓰지 못하게 하고 심지어 질책하거나 불이익을 주는 회사라면 과감히 떠나는 것도 심각하게 고려해봐야 한다. 기본적인 정당한 권리조차 지켜주지 않는 곳이라면 다른 것 또한 기대하기 어렵다.

요즘은 많은 기업들이 자유롭게 휴가를 쓰는 문화를 만들고 있다. 휴가를 쓸 때 상사의 결재를 받지 않아도 되는 전산 시스템을 만든 회사도 있다. 물론 시스템만 그럴 뿐 실제로는 상사에게 보고해야 하는 분위기인지 속사정은 알 수 없지만, 10~20년 전만 해도 상상하기 어려웠던 변화가 조금씩 일어나고 있다. 앞으로 이런 좋은 문화의 바람이 대한민국의 모든 기업에 퍼져, 정당한 휴가만큼은 그 누구의 눈치도 보지 않고 사용할 수 있는 날이 오길 바란다.

그래도 빌런에게 배울 게 있다면?

휴가는 직장인이 누릴 수 있는 당연한 권리이고 상사를 비롯한 회사 동료들이 막을 권한이 없다. 그렇다고 시도 때도 없이 무분별하게 휴가를 사용해서는 안 된다. 상황에 맞게 적당히 조절할 필요가 있다. 징검다리 휴일을 매번 나만 사용한다거나, 당일 휴가를 빈번히 사용한다면 동료들의 배려를 더 이상 기대하기는 어렵다. "아프다고 당일 휴가를 내는 것도 한두 번이지. 정말 아픈 거 맞아? 놀러 가는 거 아니고?"라는 말이 나오기 시작했다면 이미 그 사람은 신뢰를 잃은 것이다.

또한 여름휴가를 비롯한 장기휴가를 갈 때만큼은 같이 일하는 동료들에게 미리미리 이야기하자. 그리고 하루 이틀이야 별다른 문제가 없겠지만 일주일 이상 장기휴가는 동료들끼리 날짜가 겹치지 않게 조절해야 업무 공백이 생기지 않는다. 물론 지금의 내가 1~2주일 동안 자리를 비운다고 해서 문제가 생기는 일은 더더욱 없을 것이다. 나 한 명 자리를 비운다고 문제가 생긴다면 더더욱 말이 안 되는 일이다. 하지만 나를 포함해서 같은 팀 혹은 같은 업무를 하는 여러 명이 동시에 휴가를 낸다면 업무적으로 마비가 생길 수도 있다. (동료 여러 명이 동시에 휴가를 가도 아무 문제 없다면, 지금 회사에서 본인의 위치를 고민해봐야 하지 않을까? 물론 모든 일을 깔끔하게 처리했다면 별문제 없겠지만.)

여기서 "내 휴가 내가 간다는데 왜 그걸 조율해야 하죠? 그 자체가 눈치를 보게 만드는 거 아닌가요!"라고 강하게 반문한다면 더 이상 이야기하기 어렵다. 하지만 휴가 기간 동안 내 업무로 동료나 회사에 피해를 끼치는 상황이 생긴다면 휴가를 가더라도 마음이 편치 않을 것이다.

휴가를 사용하는 것은 직장인이 누려야 하는 당연한 권리이지만, 해야 할 일을 하는 것 또한 직장인의 의무이다. 휴가, 특히 장기휴가를 갈 때 동료들을 배려하기 위해 준비해야 하는 3가지가 있다. 첫째, 함께 일하는 동료들과 휴가 일정이 겹치지 않게 조율하기. 둘째, 나 대신 내 업무를 도와줄 백업 멤버 정하기. 셋째, 휴가 기간 동안 처리해야 하는 업무가 있다면 누구나 쉽게 이해할 수 있도록 미리 매뉴얼을 만들어두기.

부디 이 글을 읽고 '하루 휴가 좀 내려는데 뭐 이리 하라는 게 많아?'라고 생각하는 독자가 없길 바란다.

나 정도면
괜찮은 상사 아냐?

워낙 일을 잘하는 데다 더 높은 곳으로 올라가고 싶은 욕구가 강해서 완벽을 추구하는 L차장. 그는 나를 포함한 5명의 후배들과 함께 업무를 하는 중간관리자 겸 실무자다. 위아래에서 일을 잘한다는 칭찬을 계속 듣다 보니 연차가 찰수록 자신감도 함께 하늘을 찌르고 있다.

1년에 한 번씩 같은 업종 종사자들끼리 2박 3일 동안 워크숍을 진행한다. 작년에는 L차장이 회사 대표로 세미나 발표를 했는데, 올해는 한 걸음 더 나아가 워크숍 사회를 맡는다. 매년 돌아가면서 맡는 것 아니냐고 평가절하하는 사람도 있지만, 회사를 대표하는 것인 만큼 회사 차원에서도 믿을 만한 직원을 추천한다. 워크숍을 무사히 마치고 모인 뒤풀이 회식 자리. 자기애가 넘치는 L차장은 남부끄러울 정도로 셀프 칭찬을 한다.

"내가 이쪽 계통에서는 세 손가락 안에 들지 않겠어? 전문지식도 그렇고 현장 실무도 함께 쌓은 사람이 드물지."

직장생활을 하면서 이 정도로 자신감이 넘칠 수 있다는 것이 부럽기도 하지만, 본인 입으로 그런 말을 하니 듣는 사람이 민망하다. 그래도 이렇게 당당한 실력자 옆에서 보고 배울 수 있는 것을 감사하게 여긴다. 힘들어도 몇 년간 잘 배우면 나도 실력이 확 늘지 않을까 기대도 해본다.

하지만 L차장은 툭 건드리기만 해도 쉽게 화를 내는 다혈질이다. 자신과 의견이 다르면 그 어떤 것도 참지 않는 독불장군이다. 화가 나면 빨갛게 상기되는 얼굴, 말을 걸기가 무서울 정도로 극대노 상태가 되면 얼굴이 회색빛으로 변하는 그는 자신의 감정을 필터링 없이 그대로 표출한다. 주된 화풀이 상대는 나를 포함한 동료들이다. 이번 주에도 옆 팀과 회의를 마치고 어김없이 감정이 고조된 L차장이 우리를 회의실로 소집했다.

"쟤네는 뭘 알고 까부는 거야? 정말 사람 또 열 받게 만드네. 자기들이 뭐라도 해보고 떠들든가. (욕설 생략) 지금부터 쟤네 꼼짝도 못 하게 만들 거니까 다들 준비해."

L차장의 의견을 뒷받침하는 보고서를 만드는 자료 지옥이 시작된다. 독불장군이 전장에 나가서 사용할 무기와 방패를 우리가 만들어줘야 한다. L차장은 밤늦게까지 자료를 검토하고 보완해야 할 부분을 추가로 요청한다. 보완한 자료가 또다시 그를 만족시키지 못하면, 회색빛 얼굴로 다시 우리를 회의실로 부른다. 답답하고 한심하다는 표정과 함께. 날카로워진 L차장에게 퇴근 이야기를 꺼내기도 어렵다. 우리는 이렇게 하루 종일 눈치를 보고 또 봐야 한다. 다음 회의에서 상대방을 이기고 오면 다행이지만, 혹시라도 또다시 상대에게 지고 온다면 회색빛을 넘어 검은빛의 얼굴을 마주하게 된다. 그러면 우리는 파국이고 파멸이다.

그나마 다행인 것은 불같이 화를 내고 난 다음에는 후배들에게 미안한 마음을 표현하기는 한다. 오전에 화를 내면 오후에, 오후에 화를 내면 다음 날 조용히 찾아와 멋쩍은 웃음으로 커피 한잔하러 가자는 신호를 보낸다. 너무 심했다는 생각이 들면 자기가 살 테니 같이 저녁을 먹자는 이야기도 슬쩍 꺼낸다. 어느 정도 편안한 분위기가 되자 L차장은 부끄러운 듯 분홍빛 얼굴로 우리를 바라보며 당당하게 물어본다. 이미 답이 정해져 있지만.

"그래도 나 정도면 괜찮은 상사 아냐?"

자신이 다혈질인 것을 알고 있지만, 후배들에게 무작정 일을 떠넘기지도 않고 최전선에서 싸우고 오는 자신이 멋진 선배라고 생각한다. 불같이 화를 내고 언제 그랬냐는 듯 아무렇지 않게 내일을 시작하는 다른 상사들과는 다르게, 본인의 기준으로 하루 이틀 내로 모든 것을 풀고 미안함을 표현할 줄 아는 세련된 상사라고 말이다. 이럴 때 우리가 할 수 있는 대답은 그저 웃으며 맞다고 하는 것뿐이다.

이런 빌런을 만나면 어떻게 대응해야 할까?

자아도취가 심한 사람들이 있다. 이들은 보통 모든 분야에 취해 있는 것이 아니라 특정한 한두 가지 분야에서 강한 자긍심을 가지고 있다. 이 영역은 굳이 건드리지 말자. 실제로는 실력도 없이 당당하게 굴더라도 치켜세워 주자. 그것이 어렵다면 적어도 건드리지는 말자.

이런 사람들에게 자긍심이 넘치는 분야를 건드리는 것은 실력이 아니라 자존심의 문제다. 발화점(화를 내는 시점)이 낮아 툭하면 쉽게 화를 내는 상대를 자극할 필요는 없다. 다른 사람의 조언이나 충고를 귀 기울여 듣는 사람이라면 이 정도로 자아도취에 빠지거나, 화를 참지 못하는 빌런이 되지도 않는다.

같은 팀 후배가 빌런을 잘못 건드리면 자신의 지식을 뽐내기 위해 더 많은 일과 숙제를 줄 수도 있다. 다른 부서의 팀원이라면 여러 사람이 모인 회의 자리에서 깔아뭉개며 무안을 줄 수도 있다. 빌런과 같은 분야에 대한 지식과 경험이 있다고 해서 빌런의 의견에 반박하는 질문을 하면 심할 경우 감정싸움으로 이어지기도 한다. 처음에는 이성적으로, 논리적으로 의견을 주고

받겠지만 발화점이 낮은 빌런의 특성상 대부분 선을 넘는 감정적인 대화로 넘어간다. 상대의 경험을 자신보다 못한 것으로 평가절하하며 비아냥거리거나, 소속 팀 심지어 출신 학교 자체를 비하하기도 한다.

여기서 속아 넘어가지 말아야 하는 또 한 가지. 빌런들은 한 번씩 자신이 무엇이 부족한지, 어떤 부분을 고쳤으면 하는지 물어볼 때가 있다. 이때 하나부터 열까지 다 말해서는 안 된다. 빌런들은 자신이 무엇이든 잘하고 있다고 생각하기 때문에 부족한 점을 말하면 속으로 담아두었다가 언젠가 되갚아주는 날이 올 것이다.

그래도 빌런에게 배울 게 있다면?

회사 안에서 회의는 누군가를 이기거나 승패를 내는 자리가 아니다. 부서마다, 담당자마다 어느 정도 이해관계가 있기는 하지만 그것을 승패라고 생각하면 위험하다. 내 의견이나 제안이 받아들여지지 않으면 상대에게 지는 것이라는 생각으로 수단과 방법을 가리지 않고 쟁취한다면 누군가에게는 상처를 남긴다. 그리고 이런 평판이 쌓이고 쌓이면 회사 안에 적이 늘어난다. 회사생활을 하면서 절대적인 내 편 2~3명을 만드는 것도 중요하지만, 적을 만들지 않는 것도 중요하다.

여기서 배울 점은 한 가지. L차장과 같은 극심한 자아도취는 위험하지만, 자신이 잘하는 것 한두 가지는 있어야 한다. 회사나 업계에서 무조건 최고가 되라는 것이 아니다. 지금 당장은 나의 부서, 나의 팀에서 내가 가장 잘하는 무언가가 있어야 한다. 꼭 내가 맡은 분야의 일이 아니어도 상관없다. 관련 문헌 조사하기, 엑셀 잘 다루기, 사진이나 동영상 편집하기 등 일하는 데 필요한 기술 정도면 된다.

왜일까? 내가 가장 잘하는 게 있다면 누군가 나를 찾게 마련인데, 이때 나의 자존감과 존재감이 높아진다. 아무도 나를 찾지도 않고 부탁하지도 않으면 하루하루가 편하기는 하겠지만, 시간이 지날수록 무기력해지고 쓸모없다는 생각에 더욱 힘들어진다.

처음에는 저도 팀장도 하고 임원까지 하고 싶은
욕심이 당연히 있었어요. 그런데 그게 어디 쉽나요? 선배 팀장님들
보면 10명 중에 1명도 겨우 임원이 될까 말까 하는데 아등바등해서 뭐 하나
싶어요. 이렇게 하루 이틀 지나다 보니 내려놓는 거죠. 어차피 월급이야
다들 비슷하니 적당히 일하다 퇴근해서 내가 하고 싶은 거
하며 사는 거죠.

월급루팡이 돼가는
H과장

정말 답답해요. 물어보면 또 물어봤다고
뭐라 하고, 안 물어보면 왜 물어보지도 않고 마음대로
하냐고 뭐라 하고. 물어봐도 혼나고 안 물어봐도 혼나면
도대체 어떻게 해야 하나요?

물어봐도 혼나고
안 물어봐도 혼나는 H사원

해야 할 일도 다 가르쳐주고,
윗사람들하고 회의도 내가 다 들어가고,
후배들 야단만 치는 게 아니라 잘 풀어주기도
하는데 뭘 더 어떻게 하란 거죠? 이렇게 하는 상사들
없어요. 나니까 이 정도 하는 거지.

나 정도면 괜찮은 거
아니냐는 L차장

일잘러가 되고 싶다면

'일 잘하는 방법'으로 검색하면 지금 당장에도 수백 가지 팁이 나와요. 오히려 너무 많아서 하나하나 다 할 수 있을지 막막한 정도죠. 저는 너무 어렵지 않게 딱 2가지만 생각했어요.

간단해요. 본받고 싶은 선배를 찾아서 나의 롤모델로 삼으세요. 그리고 그분의 하나부터 열까지 싹 다 내 것으로 만드세요. 처음부터 잘하려 하지 말고 그분이 하는 만큼만 따라 하는 걸 목표로 삼으세요. 소속이 어디든 그곳에서 에이스라 불리는 사람은 반드시 있어요. 꼭 우리 부서, 우리 팀이 아니어도 돼요. 함께 일하는 누구라도 상관없어요. 다만 연차가 많이 차이 나지 않는 10년 이내의 선배라면 더 좋아요. 신입사원이라면 과장급, 과장이라면 부장급, 부장이라면 임원급 선배가 되겠죠. 그 이상이 되면 해야 하는 역할이 너무 달라서 직접적으로 배우는 게 어려울 수 있어요.

저는 운이 좋게도 같은 팀에 본받고 싶은 선배가 있었어요. 이 선배를 따라 하려고 선배가 그동안 만들었던 최근 3년치 보고서를 전부 확인했어요. 평소에 문서나 자료 정리는 어떻게 하는지, 심지어 파워포인트에서 표를 만들고 그래프를 그리는 것까지 따라 했어요. 그분이 참석하는 회의도 시간을 내서 따라 들어갔고, 발표할 때 목소리 톤이나 속도까지 따라 했어요. 다른 부서에 업무 요청을 할 때는 어떻게 하는지, 메일은 어떻게 쓰는지도 배웠죠.

예를 들어 이런 게 있어요. 다른 팀에 요청하거나 부탁할 일이 있으면 절대로 뜬금없이 메일을 먼저 보내지 않아요. 많은 부서가 모이는 회의 자리에서 예고 없이 말하지도 않아요. 먼저 해당 팀 담당자의 자리로 직접 찾아가든 전화를 하든 메신저를 하든 상황을 미리 만들어봐요.

'현재 이런 상황이라(상황 설명) 이런 도움이 필요하다(명확한 목적). 언제까지 필요한 일이며(기간 설정), 다음 프로세스는 이렇게 진행된다(후속 방향 공유). 일정상 가능한지 확인해달라(상대 일정 확인).'

이렇게 담당자와 미리 이야기를 해둬요. 그리고 공식적인 경로로 요청하죠. 그러면 메일로 요청하든 회의 자리에서 요청하든 서로 수월하게 대화가 이어져요. 지금 생각하면 너무나 당연한 순서인데 이 과정을 건너뛰고 뜬금없이 뭔가 해달라고 하면 상대 입장에서는 방어적인 자세를 취할 수밖에 없어요.

그리고 두 번째는 직장인들이 어려워하는 일인데, 가능한 상사랑 대화를 자주 나누세요. 특히 팀장이나 그 이상의 임원급 경영진과 기회가 된다면 이야기를 많이 하세요. 그리고 그들에게 조언을 구하세요.

회사에서 일을 잘하느냐 하는 객관적인 평가는 결국 인사고과 한 줄로 요약할 수 있어요. 그리고 인사고과는 나의 상사들이 주죠. 그러니 그분들의 생각을 읽는 게 정말 중요해요. 일 얘기를 가장 많이 해야 하는 상대는 나의 상사예요. 아부를 떨라는 게 절대 아니에요.

회사에서 직급이 올라가고 직책이 높을수록 책임과 더불어 권한도 많아져요. 그리고 본인 부서의 일이 안 되길 바라는 사람은 어디에도 없어요. 그러니 일이 잘 안 풀리면 도울 방법을 찾으면서 상사도 같이 일이 잘되도록 만들어나갈 거예요. 그 일이 잘되면 보통의 경우 좋은 인사고과가 함께 따라오게 마련이죠.

물론 100% 다 그렇지 않고 우리가 계속 이야기하는 빌런도 있을 거예요. 그럴 때는 고통받고 있지만 말고 이 책에서 말하고 있는 것처럼 적절히 대처해보세요.

회사 밖에서도
만나면 안 되는
빌런

'이 사람은 정말 회사 밖에서도 만나면 안 되겠다'라는

생각이 들었던 적이 있는가?

회사에서 갑질을 하거나 정치를 하는 것은

어쨌든 회사 안에서 일어나는 일이니 힘들지만

어느 정도 감내할 수 있다.

하지만 일상에서의 모습이 의심될 정도로 선을 넘는

빌런들을 한 명씩 살펴본다.

모바일 청첩장 '만'
보낸 그의 결혼식 초대

결혼식은 인생에서 한 번 있을 법한 기쁜 날이다. 제2의 인생을 시작하는 날인 만큼 많은 지인들의 축하를 받고 싶을 것이다. 그렇다면 하객들이 진심으로 축하할 마음이 생기도록 만들어야 하지 않을까?

앞뒤 인사말도 전혀 없이 모바일 청첩장만 카카오톡으로 보내는 결혼식 빌런 동기 L. 나에게만 그런 것이 아니라 약 30여 명의 입사 동기 모두에게 똑같이 그렇게 보냈다. 수백 명의 결혼을 지켜보았지만 이런 경우는 처음이다. 오해하지 말자. 처음부터 밥이든 술이든 청첩장을 핑계로 얻어먹길 원한 것이 아니다. 바쁜 와중에 굳이 따로 만나서 종이 청첩장을 받고 싶었던 것도 아니다. 메신저로 모바일 청첩장을 보낼 수도 있다. 하지만 인사말도 없이 청첩장'만' 보낸 것에 동기들 모두 어이가 없었다. 결혼식 전날, 참다못한 한 동기가 단체 카톡방에서 이야기를 꺼냈다.

동기 : 이게 뭐냐? 오란 거냐 말란 거냐? 인사도 없이 이렇게 카톡으로 청첩장만 보내는 게 무슨 경우냐? 아무리 동기지만 너무 예의가 없는 것 아냐? 무슨 말이라도 해봐라.

빌런 L : 경황이 없어서 제대로 결혼식을 알리지 못했다. 내일 꼭 와서 축하해달라.

그러나 이 인사말 역시 복사해서 붙여넣기, 일명 '복붙'이다. 모두에게 똑같은 내용을 보내서 이미 바닥이었던 그의 신뢰는 지하실을 뚫고 내려갔다. 신뢰란 한번 잃으면 다시 쌓기 어려운데 말이다.

결혼식 당일, 결혼식장과 집이 가까운 극소수의 인원만 참석했다. 이런 빌런의 결혼식은 하필 날씨도 안 좋다. 역대급 한파와 폭설이 내렸다. 이런 날씨에도 본인의 결혼식에 참석한 지인들에게 그는 자신이 빌런임을 한 번 더 증명했다.

"저기 인생네컷 보이지? 가서 사진 찍고 축하 동영상 좀 남겨줘."

추운 날씨와 눈보라를 뚫고 결혼식에 참석한 지인들에게 '와줘서 고맙다'는 인사는커녕, 본인의 기록에 남길 축하 동영상 촬영만 요청하다니. 역시 한번 빌런은 영원한 빌런인가? 이 결혼식 빌런은 영원히 신뢰를 회복하지 못하리라.

이런 빌런을 만나면 어떻게 대응해야 할까?

빌런의 결혼식에는 대부분의 회사 동기들이 가지 않았다. 다들 한마음 한뜻이었다. 인사 한마디 없이 모바일 청첩장'만' 보내는 사람의 결혼을 축하하고 싶은 마음이 들지 않는다. 그래도 다들 마지막 정은 남아 있어서 축의금은 보냈다고 한다.

자신의 결혼식 날, 직접 와서 축하해주는 동기들이 없다면 기분이 어떨까? 물론 빌런의 성향상 축의금만 받고 참석하지 않은 사람들 덕분에 오히려 식비를 아껴서 좋아했을 수도 있겠다. 빌런이니까.

결혼식에 참석하는 것은 의무가 아니다. 안 가도 그만이다. 나중에 들은 이야기이지만, 너무 화가 나고 어이가 없어서 축의금도 안 보냈다는 동기도 있었다.

그래도 빌런에게 배울 게 있다면?

결혼식에 초대한다면서 모바일 청첩장'만' 보내는 것은 예의가 아니다. 모든 사람들을 일일이 다 만나거나 식사 약속을 잡고 청첩장을 전달해야 한다는 것이 아니다. 전화나 메신저로 이야기할 수도 있지만, 그 전에 인사말은 기본이다. 물리적인 거리가 멀거나 피치 못할 사정이 있다면, 충분히 사정을 설명하고 상대방에게 양해를 구해야 한다.

잊지 말자. 결혼식은 나의 행사이고, 축하해줄 하객들을 모시는 자리다. 지인들, 하객들이 결혼식에 참석하는 것은 감사한 일이지, 절대 그들의 의무가 아니다.

커피 한 번 사지 않는
동기가 있더라

입사와 동시에 같은 팀으로 발령받은 두 살 위의 여자 동기 L. 같이 점심을 먹는 날도, 저녁 회식을 하는 날도 많았고, 일하는 중간중간 티타임도 자주 가졌다. 하지만 10년이 넘는 기간 동안 나는 그녀에게 커피 한잔 얻어 마신 적이 없다. 연장자가 사야 한다는 선입견을 없애기 위해 뒤에서는 누나라는 호칭을 생략한다.

입사하고 5년쯤 지났을까? 동기 4명이 밤 10시까지 야근하고 퇴근하는 길에 가볍게 치킨에 맥주를 마시려고 했다. 당시에는 다 같이 기숙사나 회사 근처에서 자취하던 시절이었다. 야근으로 힘들지만 동기들끼리 웃고 떠들며 직장 상사들 뒷담화도 하면서 하루의 스트레스를 풀었다. 즐거운 시간을 보내고 계산하려 할 때, 홀로 계산대에서 멀리 떨어져 서성이던 그녀가 남긴 명언을 나는 아직도 잊지 못한다.

"계산대 앞에서 10초만 뻘쭘하면, 10만 원을 아낄 수 있다."

이날 이후로 나는 이 동기를 내 마음속에서 영원히 손절했다. 시간이 지나 어느덧 결혼도 하고 아이도 낳은 그녀가 육아휴직을 마치고 복직했다. 커피 한잔하자는 그녀의 제안을 나는 지금까지 1년 넘게 바쁘다는 핑계로 미루고 있다. 이 정도면 사실상 거절인데 왜 알아듣지 못하고 계속 약속을 잡으려고 하는지 여전히 이해가 안 된다.

그래도 본인 결혼식을 앞두고 청첩장을 나눠줄 때는 동기들 10여 명에게 점심 한 끼를 사주기는 했다. 하지만 이때 그녀가 했던 말은 손절하기를 잘했다는 생각을 다시 한 번 확인시켜주었다.

"다행이다. 애들이 다 왔으면 밥값 많이 나갈 뻔했는데. 몇 명 안 와서 밥값 아꼈다."

이런 빌런을 만나면 어떻게 대응해야 할까?

가장 좋은 방법은 무조건 '1/N 더치페이(Dutch pay)'다. 자기가 먼저 계산한 적이 한 번도 없는 사람은 끝까지 하지 않는다. '다음에 한 번쯤은'이라는 기대를 하지 말자. 빌런들에 대처하는 가장 기본적인 마음가짐은 무엇이든 애초에 기대하지 않는 것이다. 요즘은 카카오톡에 1/N 정산하기 기능이 잘되어 있으니 어떤 모임에서든 총무를 담당하는 사람이라면 꼭 활용하자. 끝까지 정산을 하지 않을 때는 '정산 쪼르기' 기능도 있다.

그러나 이런 빌런들은 이런저런 핑계를 대며, 마지막까지 정산을 안 하기도 한다. 이럴 경우 일대일로 대화하는 것은 지양하고, 모두가 있는 단체채팅방에서 정산 요청을 하자. 일대일로 대화하면 어떻게든 핑계를 대거나 아예 무시하면서 나를 지치게 만든다. 심지어 단지 정산을 하는 나를 돈 못 받아서 환장한 사람 취급을 하기도 한다.

그래도 빌런에게 배울 게 있다면?

소비를 줄이고 절약하는 것은 재테크의 가장 기본이다. 재테크와 관련된 모든 책에서도 가장 먼저 강조하는 것이 소비를 절제하는 것이다. 그런데 왜 본인의 소비만 중요하고 다른 사람들의 소비는 쉽게 생각하는 걸까?

친구나 동기, 선배를 포함해서 주위의 모든 사람들이 나의 ATM 기기가 아니다. 누군가 나에게 밥을 사주었다면 나는 커피라도 사고, 두세 번 얻어먹었다면 한 번쯤은 사야 한다는 생각을 하기가 어려운 일일까? 아니, 알면서도 안 하는 것이다. 남들에게 밥을 사기가 싫다면, 본인도 얻어먹지 말자.

그리고 하나 더! 결국 베푸는 사람 주변에 좋은 사람들이 모이게 마련이다. 명심하자. 내가 베풀기 싫으면, 다른 사람이 베풀기를 바라지도 말자. 그럴 자격이 없다.

남의 얘기는 캐고 다니면서,
자기 얘기는 안 하는 사람

오지랖이 넓은 사람, 남의 이야기를 캐묻고 다니는 빌런이 있다. 특히 지극히 사적인 내용까지 캐묻고 다니는 빌런 때문에 고통을 호소하는 동료들이 많다.

이 오지랖의 주인공은 L대리. 평소 성격은 까칠하기로 유명한 빌런이다. 누가 어떤 질문을 해도 '네, 아니오'라고 단답형으로 대답한다. 심지어 회의 중에 마음에 들지 않으면 아무 말도 없이 회의실을 나가버린다. 그나마 좋게 표현해서 까칠한 것이지 버릇없는 행동이다. 대리급 직원이 회의 중간에 나가는 것으로 여러 번 지적을 받았지만, 화장실이 급했다거나 중요한 전화가 왔다는 핑계로 일단은 모면하고 있다.

평소 이런 성격과는 다르게 그는 모든 정보와 소문을 다 알고 싶어 하는 이상한 오지라퍼다. 그런데 그가 모으는 정보와 소문은 지극히 개인적인 것이 많다. 'A과장의 집은 매매가 아니라 몇 억짜리 전세다, B대리는 사내 커플이 몇 번째인데 또 사내 커플이라더라, C차장의 부모님은 어디에 무슨 건물이 있다더라, D부장의 자식들 성적은 어느 정도라서 대학은 어디를 가려고 한다, E사원은 석사 때 학벌 세탁을 한 것이다' 등등. 굳이 말하고 싶지 않은 다른 사람의 사생활을 끝까지 캐묻는다.

하지만 진짜 문제는 또 있다. 본인이 알아내지 못한 정보가 있다면, 각종 인맥과 SNS를 통해서 정보를 수집한다. 페이스북을 비롯해 인스타그램, 과거의 싸이월드까지 뒤져가며 알고 싶은 것들을 찾아낸다. 사내 조직도에 나오는 번호를 등록해서 카카오톡 프로필을 보기도 한다.

그러나 정작 본인의 이야기는 절대 하지 않는다. 기숙사에 살고 있는 줄 알았던 그가 자취를 시작한 지 3년이 넘은 것, 여자친구가 없다고 하던 그가 3주 뒤에 결혼한다는 것도 청첩장을 돌리기 전까지는 아무도 몰랐다. 심지어 이직을 일주일 앞두고도 동료들에게 회사를 그만둔다는 말을 하지 않아 모든 사람들이 당황했다.

이런 빌런을 만나면 어떻게 대응해야 할까?

어떻게 보면 스토커 같은 행동이 기분은 나쁘지만, 상대방에게 직접적인 피해를 주지는 않기에 문제 삼기는 쉽지 않다. 게다가 공개적인 SNS를 찾아다니는 것을 뭐라고 할 수도 없다. 단, 잘못된 소문으로 인해 당사자에게 직접적인 피해가 간다면 법적인 도움을 받을 수도 있다는 점은 참고로 알아두자.

이런 오지라퍼 빌런들에게 나의 SNS는 소문의 빌미를 제공할 수 있는 가장 좋은 수단이다. 개인마다 성향이 다르겠지만 주변에 오지라퍼 빌런이 있다면, 소중한 내 일상이 담긴 내용은 가능하면 비공개로 두는 것을 생각해보자. 게다가 요즘은 카카오톡 멀티 프로필 기능도 있으니 활용해보자.

그래도 빌런에게 배울 게 있다면?

직장을 다니면 동료들과 가장 많은 시간을 함께한다. 하루 24시간 중 8~9시간은 같이 보낸다. 가족들보다, 연인보다 더 많은 시간을 보내다 보면 내 이야기를 종종 하게 된다. 회사도 결국 사람들이 모인 곳인데 어떻게 딱딱한 일 얘기만 할 수 있겠는가.

하지만 내가 했던 이야기들이 나도 모르는 사람들에게까지 퍼져 나가는 경험을 해봤다면, 말을 아끼는 것이 더 좋다. 빌런이 있을 수 있다는 신호다. 내 의도와 다르게, 나도 모르는 사이에 내 이야기가 퍼지다 보면 진실과는 전혀 다르게 왜곡되는 경우가 99%다. 굳이 이런저런 소문의 중심에 서고 싶지 않다면, 회사에서 사적인 이야기는 지양하고 업무 관련 이야기를 주로 나누자.

아이러니하게도 이런 행동은 오지라퍼 빌런이 가장 잘한다. 다른 사람들의 모든 소문은 어떻게든 알아내려 하지만, 자신의 이야기는 전혀 하지 않았다. 그가 회사에서 유일하게 이야기했던 사생활은 주말마다 사회인 야구단에서 활동 중이라는 것이었다. 그 외에는 기숙사를 나갔는지, 연애를 하는지, 이직을 하는지 아무도 몰랐다. SNS도 비공개에 회사 사람들과는 팔로우도 하지 않았다. 친한 동료가 거의 없어서 사생활이 노출되지도 않았다. 그래도 야구 이야기 하나로 몇 년간 대화를 이어나간 건 대단한 능력이다.

성희롱과
불륜은 제발 좀

    공중파에서 방영했던 〈사랑과 전쟁〉이나 케이블 방송에서 방영했던 여러 자극적인 프로그램에 나오는 성희롱과 불륜 사례들은 허구의 각본이 아니다. 실제 있었던 이야기다. 작가들이 시청률을 위해 자극적으로 꾸민 것이 아니라 우리 주변에서 일어난 실제 사례를 바탕으로 각색한 것이다.

- 여자 후배에게 문서 작업을 가르쳐주는 척하면서 마우스 위로 손을 잡는 대리
- 사내에서 수영 강습을 듣는 여자 후배를 쫓아다니며 몰래 사진을 찍다 걸린 과장

- 출퇴근 버스에서 옆자리 여자 사원의 신체를 만져 형사고 소를 당한 차장
- 신혼인 사내 부부에게 밤에 얼마나 편했으면 정시 출근을 하냐며 무안을 주는 부장
- 여직원과 일대일 면담에서 카메라로 치마 속을 촬영하다 걸려 해고된 임원
- 야근 당직 근무 도중 창고에서 부적절한 관계를 갖다 발각된 불륜 커플
- 코로나19 감염자의 동선 추적 시에 걸린(주로 모텔이나 펜션) 수많은 불륜 커플

더 자극적인 사례들도 많지만 더 이상 언급할 필요는 없을 것이다. 어쨌든 우리 주변에 사건 사고를 일으키는 가해자가 있다는 것은 알아야 한다. 내가 피해자가 될 수도 있고, 그런 일을 당했을 때 대처할 수 있도록 말이다.

이런 빌런을 만나면 어떻게 대응해야 할까?

성희롱이나 불륜의 피해자가 되었을 때는 정신을 바짝 차려야

한다. 감정적으로 대응하지 말고 냉정하게 행동해야 한다. 상대가 빠져나갈 수 없도록 증거와 증인을 모으고, 법률 전문가의 도움을 받는 것이 좋다. 왜 아직도 피해자가 더 힘들게 대응해야 하는지 이해할 수는 없지만 그게 현실이니 당장은 어쩔 수가 없다.

위의 사례 중 여직원의 치마 속을 촬영한 임원의 경우, 피해자 직원이 임원의 핸드폰을 그 자리에서 빼앗아 바로 징계 담당자에게 신고했다. 일반적인 경우라면 부서 직원이 임원의 핸드폰을 빼앗을 생각을 할 수 있을까? '용기'를 내기조차 힘든 이 행동을 아무나 할 수 있을까?

피해자에게 오히려 가혹한 상황이지만, 조금 더 냉정하게 행동하고 이성적으로 대응하자. 또한 회사 내외에 관련된 부서와 기관이 많으니 반드시 도움을 요청하자.

그래도 빌런에게 배울 게 있다면?

불륜은 개인의 사생활 영역이기 때문에 함부로 판단할 수는 없다. 하지만 확실한 것은 성희롱이나 불륜은 형사처벌의 영역

이라는 점이다. 이 부분은 그 어떤 핑계와 변명으로도 용서가
되지 않는다.

성희롱과 불륜은 아주 적게는 한 명, 대부분은 한 가정을 파
탄 낸다. 당사자들은 무엇이든 본인의 선택이지만 잘못을 저질
렀다면 그에 상응하는 대가를 치르고 책임도 본인이 져야 한다
는 것을 명심해야 한다.

돈 빌리고
퇴사한 먹튀

180cm가 넘는 건장한 체격에 호감형인 동기 L씨. 3년 정도 지나자 성실하기도 하고 일을 잘한다는 평판을 받은 그였다. 그래서였을까? 다른 부서의 선배와 둘만의 비밀연애를 하기도 했다. 두 사람은 본인들만의 비밀연애를 끝까지 유지하며 어느새 결혼까지 준비하고 있었다. 둘이 동시에 다이어트를 하기도 하고, 같은 날에 휴가를 사용하기도 했다. 아마도 웨딩 촬영을 하지 않았을까 예상해본다. 조금 다른 이야기지만, 사내 비밀연애는 본인들만 비밀이지 사실은 모두 알고 있다. 두 사람의 분위기가 다르니 눈치채지 않을 수 없다.

그러던 L씨가 나를 포함한 동기들에게 돈을 빌리기 시작했다. 적게는 100만 원, 많게는 1천만 원이 넘는 돈이었다. L씨는 평소에 이미지도 좋고, 결혼을 앞두고 있어 여기저기 돈이 들어갈 곳이 많을 거라고 생각한 동기들은 아무렇지 않게 돈을 빌려주었다. 나중에야 알게 된 사실이지만, 동기들은 서로 돈을 빌려주었다는 이야기를 일절 하지 않았다. 정말 다행스럽게도 나는 빌려주지 않았다.

그런데 어느 날 갑자기 L씨가 잠수를 탔다. 2주일이 넘도록 연락이 되지 않았다. 심지어 한 달 정도 지나자 퇴사 발령이 났다. 동기들 사이에서 난리가 났다. 너나 할 것 없이 돈을 빌려주었다는 이야기가 여기저기서 튀어나왔다. 결혼을 앞두고 있던 다른 팀 선배에게 조심스럽게 물어보니 헤어졌다고 한다. 이유는 L씨가 도박으로 엄청난 빚을 졌기 때문이라는 것이었다.

돈을 빌린 건 결혼 준비가 아니라 도박 때문이었다. 이때 느꼈던 배신감에 지금도 치가 떨린다. 동기들과 이야기해보니 10여 명이 돈을 빌려주었다고 한다. 10년이 넘게 지난 지금까지 돈을 돌려받기는커녕 미안하다는 말조차 듣지 못했다.

이런 빌런을 만나면 어떻게 대응해야 할까?

상대가 누구든 돈은 가능한 빌려주지 말자. 돈은 빌려주지 않는 것이 진리다. 어떤 이유와 핑계를 대서라도 빌려주지 말자. 미혼이라면 월급은 부모님이 관리하신다 하고, 기혼이라면 배우자가 관리한다고 하자. 용돈을 받고 살기에 빌려줄 돈이 없다고 말이다.

그럼에도 불구하고 돈을 빌려준다면 내가 다시 돌려받지 않아도 되는 금액만 주자. 빌려주는 것이 아니라 그냥 준다는 마음으로. 상대가 돌려주면 다행이지만, 돌려받지 못한다면? 앞으로 그 사람과 계속 이어갈 뻔했던 나의 시간을 그 돈으로 샀다고 생각하면 된다.

그래도 빌런에게 배울 게 있다면?

나이와 지위를 막론하고 돈 앞에서는 간사해지고 치졸해진다. 평소에 행실이 어떻고 집안이 어떻고 하는 것은 다 의미 없는 이야기다. 물론 나 역시 같은 상황이 될 수 있다. 그러니 돈은 빌려주지도 말고 빌리지도 말자.

적지 않은 연봉을 받더라도, 생각보다도 많은 사람들이 서로에게 돈을 빌리고 빌려준다. 현금을 주고받는 경우 외에도, 주식 종목이나 부동산을 추천했다가 손실을 보고 관계가 틀어지는 경우도 비일비재하다. 좋은 마음으로 시작했더라도, 나쁘게 끝나는 것이 대부분 돈과 엮인 일들이다.

직장인들이 오늘내일 급한 돈이 필요한 경우는 유흥이나 도박, 투기(투자가 아니다) 말고는 없다. 가족 중에 아픈 사람이 있거나 갑작스러운 사고를 당해서 큰돈이 필요한 경우는 예외다. 이런 경우라 하더라도 가능한 금융권을 이용하자.

우리 팀이
제일 힘들어!

　힘들지 않은 직장생활이 과연 있을까? 나는 항상 넘쳐나는 업무와 야근에 시달리는데, 옆 팀의 동기는 매일 정시퇴근이다. 우리 팀장은 매일 아침마다 잔소리로 하루를 시작하는데, 옆 팀 팀장은 다 같이 모닝 티타임으로 하루를 시작한다. 이런 모습을 볼 때마다 나와 우리 팀 빼고 다들 편하게 직장생활을 하는 것 같다.

　P사원은 나보다 두 해 늦게 들어온 직속 후배다. 당시 우리 부서의 업무량 자체가 타 부서에 비해 많았다. 야근으로 일이 '힘들다, 아니다'를 비교하는 것은 바람직하지 않지만 확실히 야근이 다른 팀보다 압도적으로 많았고, 주말이나 명절에도 팀원

들 대부분이 출근해야 할 만큼 물리적인 근무시간이 많은 상황이었다.

반면, P사원의 동기인 L사원은 상대적으로 업무량이 적은 옆 팀으로 들어왔다. L사원이 입사 후 1년간 선배들에게 가장 많이 들은 이야기가 '나중에'다. 업무에 대해 물어볼 것이 있거나, 일을 배우고 싶어 선배들을 찾아가도 '나중에 일이 생기면 그때 배우자'는 이야기만 들었다.

과연 누가 더 힘들게 직장생활을 하고 있는 것일까? 기준은 사람마다 다르다. 누군가는 야근을 많이 해서 힘들다고 할 것이고, 누군가는 일을 배워야 할 시기에 배우지 못하는 상황이 힘들다고 할 것이다.

P사원은 업무량 자체가 많은 우리 팀이 가장 힘들다는 이야기를 하고 다녔다. 그래서 그는 자신의 기준으로 가장 편하다고 생각하는 부서로, 야근이나 주말근무를 하지 않는 팀으로 옮기기 위해 매년 온갖 노력을 다했고 원하는 대로 해냈다. 하지만 P사원 같은 직장인이 새로 옮긴 팀에서 100% 만족할 수 있을까?

겉으로는 야근도 안 하고 주말근무도 없어서 좋아 보이지만, 막상 그 팀에 들어가 보니 그가 알지 못했던 사실이 있었다. 절대적인 업무량이 적거나 흔히 말하는 워라밸(Work Life Balance)이 있었던 것이 아니라, 해당 부서의 임원이 정책상 야근을 금지한 것뿐이다. '야근하지 말고 업무시간에 끝내도록 능력을 길러라'는 임원의 지시에 다들 정시퇴근을 하는 '척'만 했다.

하지만 대부분의 회사일이 그렇듯이 내 일만 하면 되는 것이 아니다. 하루에도 몇 번씩 회의도 하고, 다른 팀에서 수시로 업무 요청도 들어오고, 어제 만들었던 보고서로 팀장님에게 불려 다니다 보면 매일같이 정시퇴근을 하는 것은 다른 나라 이야기로만 들린다. 그래서 팀원들이 선택한 방법은 퇴근하는 '척'만 하는 것이었다. 정시에 퇴근하는 척 회사 밖을 나서서 저녁을 먹거나 잠시 휴식을 취하고, 해당 임원이 퇴근하면 그때서야 다시 사무실로 돌아와 끝내지 못한 일을 마무리하는 것이었다. (이 자체가 잘못된 것이다, 아니다를 논하려는 것이 아니다.) 이 사실을 알 리 없었던 P사원은 몇 개월 동안 자신이 부린 꾀에 자신이 당하게 됐다.

몇 개월이 지나고 그는 또다시 편해 보이는 새로운 팀으로 옮기기 위해 온갖 노력을 다한다. 하지만 입사한 지 7년 동안 담당 업무를 네 번이나 바꾼 그를 새롭게 받아줄 팀은 없다. (3년 차 이후로 매년 담당 업무를 완전히 새로 바꾸고 있다.) 여러 업무를 해봤다는 것을 장점으로 볼 수도 있지만, 반대로 어떤 업무도 본인 연차에 맞는 수준으로 해낼 수 없다는 것이 치명적인 단점이다.

이제 곧 과장 진급을 앞두고 있는 그는 회사에서 내세울 만한 역할이 없다. 편한 것만 찾아다니던 그는 더 이상 어느 팀에서도 받아주지 않는 현실의 벽에 부딪히게 되었다.

*참고 : 연차도 낮고 실력도 없는 P사원이 어떻게 매년 다른 팀으로 이동할 수 있었을까? 회사마다 다르겠지만, 이 회사는 5년 미만의 저연차 직원들의 퇴사율을 담당 조직 임원의 실적 중 하나로 평가한다. 그래서 임원들은 저연차 구성원들의 퇴사보다 다른 부서로 이동할 것을 권유한다. P사원은 이런 점을 이용해서 비교적 쉽게 조직을 옮길 수 있었다.

이런 빌런을 만나면 어떻게 대응해야 할까?

쉬운 일만 골라 하거나 편한 부서만 찾아다니는 동료가 있다면 하루빨리 다른 부서로, 할 수 있다면 다른 회사로 옮길 수 있도록 티 나지 않게 도와줘야 한다. 멀쩡한 나를 갉아먹는 존재가 될 수 있으니 가능한 먼 곳으로 보내는 것이 좋다.

이런 빌런이 나와 같은 팀이면 쉬운 일은 대부분 빌런에게 넘어가고 나에게는 어려운 일이 들어올 수 있다. 어려운 일을 잘해내면 좋은 평가를 받을 수 있는 기회가 되지만, 고생은 고생대로 하고 인정받지 못할 수도 있다. 연말에 빌런과 동등한 인사평가라도 받는다면 상대적인 박탈감은 이루 말할 수 없을 것이다. (절대적인 업무량이 많거나 난이도가 높은 일을 담당한다고 해서 인사평가가 좋게 나오리라는 기대는 하지 않는 것이 좋다.)

이런 빌런들의 공통된 특징은 모든 일에 불평불만이 많다는 것이다. 게다가 주변에 티 내는 것을 좋아한다. '어느 팀은 이렇다던데, 우리 팀은 왜 이럴까요?', '자꾸 저한테만 어려운 일을 주네요' 이런 투정을 매일 듣다 보면 나도 덩달아 의욕이 사라지고 부정적으로 변하기 쉽다. 악순환을 만드는 주범인 것이다.

그러니 이런 빌런은 내 주변에서 멀리 떨어뜨리는 것이 상책이다. 사내 공고나 다른 회사의 이직 제안이 온다면 티 나지 않게 은근슬쩍 알려주는 것도 방법이다.

"이 회사가 우리보다 복지가 더 좋다고 하지 않았나요? 연봉도 우리보다 더 높다던데."

불평불만을 늘어놓을 때는 살짝 띄워주며 팔랑귀를 자극하는 것도 방법이다.

"P사원은 우리 팀에서 날개를 펼치지 못하는 것 같아요. 여기가 아니라 다른 곳으로 가면 날아다닐 텐데 조금 아쉽네요."

그래도 빌런에게 배울 게 있다면?

'힘들지 않은 직장생활은 없다'라는 것을 머릿속에 새겨두자. 어떤 부서든 어떤 업무든 어려움이 있고, 어떤 사람이든 어느 조직이든 갈등이 있다. 누구든 각자의 고충이 있다. 제3자의 시선으로 보면 하나부터 열까지 좋게 보여도 직접 겪어보면 알지 못했던 새로운 모습이 나타난다. 나보다 편해 보이는 다른 누군가와 비교하다 보면 출근하는 매일매일이 지옥일 것이다.

확실한 것은 어떤 회사에서 무슨 일을 하든 처음 2~3년 동안 배우는 지식과 경험이 앞으로의 회사생활을 하는 데 가장 단단한 기본 능력이 된다. 그래서 많은 자기계발서나 직장생활 팁을 보면 신입사원 시절에 누가 시키지 않아도 많은 일을 하고 많은 것을 배워야 한다고 말한다. 이 기간에 일을 폭발적으로 배워서 내 실력을 일정 수준 이상으로 올려놓을 수 있다면, 앞으로 직장생활을 하면서 직무를 완전히 바꾸지 않는 한 일 자체에서 받는 스트레스 강도가 줄어들 수 있다.

남들은 일주일씩 걸리는 일을 나는 하루 만에, 누군가는 무엇부터 해야 할지 몰라서 손도 못 대는 일을 나는 첫 기획부터 마지막 결과까지 낼 수 있다고 생각해보자. 내가 맡은 일이 가장 편하고 쉽고 재미있고, 내가 있는 곳을 가장 편한 곳으로 만들 수 있다. 그러니 쉬운 업무를 찾아다니거나 일이 없는 (정확히는 없어 보이는) 부서를 쫓아다니기보다, 내년의 내가, 내일의 내가 정시퇴근할 수 있도록 나를 먼저 업그레이드해보자.

마지막으로 미우라 켄타로의 만화 《베르세르크》에 나오는 명대사로 정말 하고 싶은 말을 대신한다.

"도망쳐서 도착한 곳에 낙원은 없다."

*업무적으로 그렇다는 것이지 사람의 문제라면 조금 다르다. 조직 내에 빌런들이 너무나 많거나 나와 도무지 맞지 않는 유형의 빌런이 있다면, 심지어 그런 빌런이 상사로 여러 명 있다면 조직을 옮기는 것도 고려해봐야 한다.

짜증을 낼 거면 차라리
하품이 낫겠어요, 한숨만 씨!

직장생활에 한정 짓지 않더라도 친구들이나 주변 지인들 중에 어둠의 기운을 달고 다니는 사람들이 있다. 항상 피곤한 표정에 부정적인 말투, 누가 봐도 불평불만이 가득한 얼굴로 주변까지 어둠으로 만드는 사람들. 이런 빌런들도 어디에나 있게 마련이다.

찢어지는 목소리 톤으로 듣기만 해도 스트레스를 유발하는 W부장. 얼마나 빌런 짓을 많이 했으면 이제는 목소리마저 듣기 싫다. 이 빌런은 항상 한숨, 불평불만, 짜증, '아니'라는 말을 달고 산다. 인상을 하도 찌푸리고 다녀서 얼굴에 그대로 주름이

잡히기도 했다. 왜 사람이 나이 들수록 자기 얼굴에 책임져야 한다고 하는지 W부장을 보면서 정확히 깨달았다. 외모가 변하는 것이 아니라 인상이 달라지는 것이었다.

W부장은 모든 회의에서 누가 발표를 하든 한숨부터 쉰다. 마치 '에휴, 머리를 달고 고작 생각한다는 게 그 정도밖에 안 되나?'라고 말하는 듯한 한숨이다. 그뿐만 아니다. 평소 행동만 보면 회사에서 일이라고는 안 해본 것 같은 사람이 "그거 예전에 내가 다 해봤는데 안 돼. 안 되는 거야. 자꾸 그런 것만 가지고 오니까 진척이 안 되는 거 아냐"라며 검증도 안 된 이야기를 내뱉는다. 그가 이렇게 짜증을 내고 나면 주변에 있는 모든 사람들의 기분이 덩달아 침울해진다.

차라리 회의에 참석하지 말고, 남들이랑 대화하지도 말고, 본인 자리에서 하는 일 없이 하품이나 하고 있으면 좋겠다. 주변 사람까지 우울하게 만드는 한숨맨 씨.

이런 빌런을 만나면 어떻게 대응해야 할까?

빌런보다 더 센 사람을 회의에 참석시키자. 빌런보다 나이가 많은 선배나 직책자, 할 수 있다면 임원을 참석시켜보자. 중요한 회의라 팀장님 혹은 이사님의 의견이 필요하다고 요청하면 대부분 참석한다.

이런 빌런들의 특징은 고집도 세고 본인이 다 해봤는데 안 되는 거라고 말하기 일쑤다. 다른 사람의 말은 들을 생각도 하지 않고, 오히려 더더욱 분위기를 암흑으로 만든다. 그러니 더 센 사람을 회의에 참석시켜 빌런의 기를 눌러야 한다.

평소에 한숨 쉬고 다니는 것은 어떻게 할까? 한숨도 숨이니 뭐라고 할 수는 없다. 무슨 말을 하고 무슨 짓을 하든 대꾸하지 말고 무시한 채 이어폰을 꽂고 일하는 수밖에.

그래도 빌런에게 배울 게 있다면?

회사뿐만 아니라 평소에도 W부장처럼 습관적으로 한숨을 푹푹 쉬거나 불평불만을 달고 다니는 사람들은 하루빨리 나쁜 습관을 바꾸자. 20대와 30대 초반까지는 그나마 주위에 사람들이 남아 있지만, 더 나이가 들면 급속도로 사람들이 떠나기 시작한다.

주변에 회사 동료는커녕 친구 한 명 남아 있지 않는 상황을 피하려면, 부정적인 말을 당장 그만두자. 어떻게 해야 할지 모르겠다면, 본인의 하루를 모두 녹음해보고 저녁에 들어보자. 자신이 어떤 이야기를 했는지 적어보는 것은 더 좋다. 하루에 부정적인 이야기를 어떤 상황에서 몇 번이나 했는지 확인해보고 조금씩 고쳐나가자. 그 전에 뭘 어떻게 해야 할지 모르겠다면 당장 말수부터 줄이고 한숨 쉬는 습관부터 멈추자.

영혼까지
팔아넘긴 아부왕

    일을 못하는 사람이 조직에서 살아남을 수 있는 방법 중에 하나는 윗사람에게 '극도의 아부'를 떠는 것이다. '간신'이라고 표현해도 될 만큼 팀장 혹은 임원의 옆에 딱 붙어서 영혼을 파는 사람들이 있다. 저렇게까지 해야 하나 싶지만, 안타깝게도 간신들은 본인의 능력에 비해 높은 권력과 혜택을 누린다는 것을 오랜 역사를 통해서도 알 수 있다.

    남의 사생활을 큰 소리로 말하고 다녔던 R부장. 이 빌런은 아부에도 일가견이 있다. (보통 한 가지에 능통한 빌런들은 여러 분야에 두루두루 능통한 멀티 빌런이라는 것이 또 증명된다.) 후배들의 사생활을 그렇게 큰 소리로 떠들고 다니는 이유도 팀장이나 임원이 듣기를 바라는 마음이다. 이렇게 팀원들에게 관심이 많고 세심하게 챙긴다고 보여주는 것이다. 이런 게 먹힌다는 것 자체가 화가 난다. 또한 팀장의 말이라면 무엇이든 의미 부여를 하고 오케이를 외친다. 아니, 오케이를 넘어서 신격화한다.

"팀장님의 통찰력은 아무도 따라올 수가 없네요.", "우리 팀원들은 모두 팀장님만 바라보며 배우고 다들 존경하는 거 아시죠?", "P대리, 팀장님께서 오늘 저녁 식사를 하자고 하시는데? 오늘 제대로 성은을 입겠는걸?"

팀장이 팀원과 밥 한 끼 먹는 것을 가지고 성은 운운하는 표현을 서슴없이 한다. 아무도 그렇게 생각하지 않는데, 동의하지 않으면 역적이라도 되는 듯이 몰아세우고 무안을 준다.

"남들은 팀장님하고 밥 한 끼 먹으려고 몇 달 전부터 약속을 잡는데, P대리는 안 그런가 봐? 뭐 어디 믿는 구석이라도 있는 거야?"

참으로 상상을 초월하는 아부왕이다.

이런 빌런을 만나면 어떻게 대응해야 할까?

이런 사람들은 자신이 윗사람에게 아부를 떠는 만큼 자기도
똑같은 대우를 받고 싶어 한다. '나는 윗사람에게 이렇게 행동하
는데, 내 아랫사람들은 왜 나한테 이렇게 안 해?'라는 보상 심리
가 깔려 있다.

할 수만 있다면 간신처럼 아부를 떠는 정도까지는 아니어도
최소한의 비위를 맞춰보자. 이런 빌런은 업무적 능력이 낮으니
일적으로는 배울 점이 없다. 하지만 최소한의 비위를 맞추면 적
어도 지속적인 괴롭힘이나 억까('억지로 깐다'를 줄인 말로 굳이 꼬투리
를 잡아서 문제 삼는다는 뜻)를 당하는 일은 확연히 줄어든다.

누군가의 비위를 맞춘다는 것이 말처럼 쉽지는 않지만, 성격
상 절대 그러지 못하는 사람들도 있다. 그게 나였다. 나는 빌런
과 마찰을 빚다 결국 그 팀을 떠났다.

그래도 빌런에게 배울 게 있다면?

좋든 싫든 상사를 포함한 동료들과 잘 지내야 회사생활이 힘들지 않다. 회사생활을 잘하는 방법이 아니라 힘들지 않게 하는 방법이다. 어차피 회사생활을 하면서 성격과 성향이 맞는 사람하고만 일할 수는 없다. 사장이 아닌 한 윗사람은 있을 수밖에 없으니 말이다. 아니, 요즘은 사장님들도 직원들의 눈치를 많이 본다고 한다.

할 수만 있다면 리더와 동료에게 적당히 맞출 줄도 알고, 싫은 티를 과하게 내지 않는 것도 사회생활의 팁이다. 하지만 도저히 맞출 수 없다면 조용히 지내는 것도 방법이다. 남들이 뭐라고 하든 신경 쓰지 않을 수 있다면 말이다.

보고서 수정만 수십 번, 빨간펜 팀장님

　답정너, '답은 정해져 있으니 너는 대답만 하면 된다'는 뜻의 꽤 오래된 신조어다. 한때는 남의 말을 듣지 않는 고집불통의 빌런 정도로 생각했는데, 답정너는 차라리 착한 빌런이다. 답은 정해져 있으니, 어떻게든 원하는 답만 찾아서 말하면 된다. 요즘의 진짜 빌런은 본인이 원하는 대로 만들어가도 또다시 수정을 요청하는 사람이다.

　자신이 일을 가장 완벽하게 잘한다고 생각하는 K팀장. 팀에서 만드는 모든 보고서는 K팀장의 검토와 승인을 받아야 한다. 모든 보고서가 팀장을 거쳐서 나가야 하는 것은 맞다. 다만 일본도 아닌 한국에서 모든 보고서를 출력한 후 그의 책상에서 함께 검토를 해야 한다. (일본은 아직도 전자 시스템이 구축되어 있지 않다고 한다.) 검토할 때도 항상 아웃룩으로 사전에 일정을 잡고 승인받아야 한다. 무슨 사장급 임원이라도 되는 건가? 출력한 보고서를 들고 약속된 시간에 자리에 가면 그는 빨간펜을 집어 든다.

보고서에 담긴 데이터와 결론 혹은 전체적인 흐름을 지적하는 것이 아니라, 글자 크기, 띄어쓰기 간격, 폰트, 단어 하나하나를 지적하면서 빨간펜으로 직직 긋는다. 처음에는 이런 것도 보고서에서는 중요한 부분이니 사전에 신경 쓰지 못한 나를 반성했다. 하지만 본인이 빨간펜으로 수정하라고 한 부분을 똑같이 수정해서 다시 가져가도 또다시 빨간펜을 긋는다. 처음에 문제가 없던 부분도 추가적으로 긋는다. 그렇게 보고서는 10번, 20번 심지어 100번까지 수정된다. (최종→진짜최종→진짜마지막최종→이게 진짜마지막최종……) 1개의 보고서를 100번 넘게 수정하면 처음과 전혀 다른 내용으로 변질된다. 처음에 '아'라고 썼던 것이 나중에 '어'로 바뀌는 형국이다.

또한 실제로 100번쯤 빨간펜 긋기를 당하면 매 순간순간이

지옥으로 느껴진다. 본인이 고치라고 해서 고쳤는데 뭘 또 고치라는 건지, 이미 수십 번 고쳤는데 또 무엇을 어떻게 고치라는 건지 도저히 알 수가 없다. 이렇게 주체적으로 아무 일도 할 수 없는 상황이 지속되자, 팀원들의 불만은 커져만 갔고 하나둘 팀을 떠나기 시작했다.

이런 빌런을 만나면 어떻게 대응해야 할까?

이런 빌런을 효과적으로 대처하는 방법을 아직 찾지 못했다. 본인이 말한 그대로 수정해도, 그보다 더한 수정과 보완을 해도 또다시 새로운 것을 지적하는 빨간펜 빌런. 어떻게 준비를 해가도 그에게는 100점이 아니니 항상 수정을 해야 한다.

다만 이런 빌런들은 자신이 완벽하다고 생각하기 때문에 반대 의견을 지양해야 한다. 그의 말이 오답이라 할지라도 의견을 반영하는 것이 덜 피곤하다. 억까를 그나마 덜 당할 수 있다.

정답은 아니지만, 빌런이 지속해서 빨간펜을 그을 때 "이렇게까지 생각해보지 못했는데, 역시 팀장님은 남다르십니다"라고 말한 동료가 있었다. 본인을 높여주는 한마디에 우쭐대면서 빌런 짓을 잠시나마 멈추기도 했다. 그 뒤에도 빨간펜은 계속됐지만, 빈도가 줄어들기는 했다. 안타깝게도 나는 그렇게 하지 못했다.

그래도 빌런에게 배울 게 있다면?

꼼꼼하고 신중하자. 형식과 양식을 특히 더 지켜야 하는 기획서나 보고서를 만들 때는 사소한 부분까지 한 번 더 확인하자. 경우에 따라서 내용보다 형식이 중요할 때도 있다. 보고서 작성에 많은 시간을 쓰는 것이 비합리적이고 비효율적이라고 생각할 수도 있다. 하지만 경영자나 관리자는 모든 일에 대해 세부적인 데이터를 전부 확인할 수 없다. 그들이 전부 다 확인한다면 나 같은 직원들이 회사에 있을 이유가 없다. 따라서 '잘' 만들어진 보고서를 기반으로 의사 결정을 해야 하는 그들의 상황을 이해하자.

같은 음식이라도 어떤 그릇에 어떻게 담느냐에 따라 먹는 사람이 느끼는 맛의 정도가 다르다. 음식의 맛은 미각을 자극하고 그릇과 배치는 시각을 자극하기 때문이다. 직장인인 우리에게는 보고서가 그렇다. 보고서의 내용이 미각을 자극한다면 형식은 시각을 자극한다. 내 보고서를 상사들이 더 맛있게 느낄 수 있도록 신경 쓰자.

부친상 조문을
10분 만에 나오는 건 아니잖아

함께 일하던 팀원의 아버지께서 갑자기 돌아가셨다. 이 회사는 부모상 등 조사가 있을 때는 직원들이 조문을 다녀올 수 있도록 회사 차원에서 버스 대절을 해준다. 당시 팀 총무였던 나는 부랴부랴 조문객 인원을 파악하고 회사에 조문 버스를 신청했다. 차가 막히는 시간을 피하기 위해 퇴근 시간보다 조금 빨리 위로의 마음을 전하러 갔다.

회사에서 장례식장까지는 약 40분 거리. 문제는 장례식장에 도착한 지 10분도 안 돼서 다시 회사로 돌아갈 준비를 하라는 빌런 H팀장의 한마디에서 시작됐다. 퇴근 버스 시간에 맞추려면 지금 바로 출발해야 한다며 억지를 부렸다.

대체 어느 누가 부친상에 조문을 와서 10분 만에 돌아가자고 하는가? 부모상의 경우 회사 지인들 대부분이 조문을 가기 때문에 당시 버스 2대에 약 70여 명이 타고 간 상황이었다. 10분이면 이 모든 인원들이 상주를 만나 절을 하기는커녕 제대로 위로의 인사를 전하기에도 턱없이 부족한 시간이다.

그러나 독불장군이었던 H팀장 때문에 대부분 인사도 제대로 하지 못하고, 장례식장에 도착한 지 10분 만에 다시 회사로 돌아가는 버스에 몸을 실었다. 나중에 들은 이야기지만 상주였던 팀원은 먼 걸음 해주신 조문객들께 밥 한 끼 드리지 못했다는 죄송함과 송구스러움만 남았다고 한다. 조문객과 상주 모두를 불편하게 만든 빌런 H팀장.

회사로 돌아간 뒤, 나는 몇 명의 지인과 함께 택시를 타고 다시 장례식장으로 향했다. 그리고 상주였던 팀원과 밤새 이런저런 이야기를 나누고 새벽에 다시 출근했다.

이런 빌런을 만나면 어떻게 대응해야 할까?

팀장이나 직책자가 전혀 말이 통하지 않는 독불장군은 앞서 여러 번 언급했지만, 효과적으로 대처하는 방법이 마땅치 않다. 더구나 남의 부친상에 조문을 가서 언쟁을 벌이며 시시비비를 가릴 수도 없다. 다른 모든 조문객들이 1시간 뒤에 출발해도 괜찮다고 말했지만, 빌런 팀장은 끝까지 집에 가야 한다고 억지를 부렸다. 가려면 자기 혼자 택시를 타고 갈 것이지, 이럴 거면 대체 왜 조문을 와서 분위기를 더 안 좋게 만들까?

빌런 팀장을 현장에서 효과적으로 대처하지는 못했지만, 몇 명의 지인과 함께 다시 조문을 가서 상주에게 위로를 전하고 어이없는 이 상황을 뒷담화로 달랬다.

그래도 빌런에게 배울 게 있다면?

조사만큼은 제대로 챙겨야 한다. 특히 부모상은 반드시 챙기자. 결혼식을 비롯한 다른 경사는 참석하지 못할 수도 있다. 하지만 조사는 다르다. 게다가 조문은 갈 수 있는 시간적인 여유도 상대적으로 많다.

결혼식은 당일 1~2시간 이내로 끝나지만 장례식은 발인까지 약 3일, 최소 이틀 밤 이상을 한 자리에서 상주가 조문객들을 맞이한다. 해외에 있지 않는 한 바빠서 가지 못했다고 하기에는 긴 시간이다.

회사가 아무리 전쟁터이고 주변 동료들과 이해관계로 얽혀 경쟁하더라도 힘들 때는 서로 위로할 수 있는 마음을 갖자. 가끔은 미울 때도 있겠지만 슬픔은 함께 나누자.

헛소문 퍼뜨리고,
아니면 말고

연예인이나 운동선수를 비롯해서 흔히 공인이라 불리는 유명인들이 악의적인 기사에 힘들어하는 경우가 많다. 특히 유명할수록 더 많은 루머와 헛소문에 시달린다. 극단적으로 좋지 않은 선택을 하게 만들기도 하는 이런 일들이 우리 일상에서도 종종 일어난다. 회사에서도 가십거리로 한두 번 뒷담화를 하는 것이 아니라, 잘못된 루머와 이상한 소문을 만들어 동료들을 고통스럽게 하는 빌런들이 있다. 이런 일은 대부분 회사 업무보다는 남녀의 이야기가 많다. 게다가 이런 소문에는 날개가 달려서 더욱 빠르게 퍼져 나간다.

20대 후반의 신입사원 L사원은 입사 전부터 수년간 만나온 남자친구가 있었다. 입사 후 반년 만에 결혼한 것을 보면 아마도 취업을 하기 전부터 결혼 준비를 조금씩 하지 않았을까 싶다. 이런 L사원의 멘토가 된 H대리는 다른 동료들을 대하는 것과 같은 무게감, 같은 톤, 같은 색으로 L사원을 대했다. 신입사원이 어려워할 만한 업무를 도와주고, 멘티인 L사원과 일주일에 한두 번씩 티타임을 갖기도 했다.

그런데 어느 날부터 사내에는 H대리가 유부녀인 L사원을 짝사랑해서 스토킹한다는 소문이 돌기 시작했다. H대리가 자기 일도 제쳐두고 L사원의 업무를 도와주고, 퇴근 후 밤마다 연락하거나 주말에 따로 불러내기도 하며, 생일 때는 고가의 명품을 선물해주었다고도 한다. 소문이 돌고 돌아 H대리의 귀에도 들어갔고, 그는 평소 친분이 있는 몇 명의 후배들에게 자기에 관한 소문을 들어본 적이 있냐고 물어보았다.

"선배님, 저도 그 소문을 듣기는 했는데 아닐 거라고 생각하고 그냥 넘겼어요. 근데 생각보다 사람들이 다들 진짜라고 믿는 것 같더라구요. 아니죠?"

처음에는 무시하던 H대리는 가까운 사람들마저 의심의 눈초리를 보내자 더 이상 참지 못하고 소문의 진원지를 찾기 시작했다. 오랫동안 추적한 끝에 L사원이 직접 낸 소문이라는 것을 알게 되었다.

사실을 확인해보니 이러했다. 퇴근 후나 주말에 연락한 것은 H대리가 당직근무를 서고 있을 때 L사원의 담당 업무에 이슈가 생겼기 때문이었다. (H대리는 L사원과 주고받은 모든 문자와 카카오톡 메신저를 전부 보관해놨다.) L사원의 생일에는 카카오톡으로 스타벅스 음료 세트 쿠폰을 보낸 게 전부였다. 직장 동료나 친구들 간에 종종 주고받는 기프티콘을 비싼 명품을 선물했다고 부풀려서 이야기한 것이다.

결과적으로 H대리는 억울한 누명을 벗었고, L사원은 H대리가 자신을 많이 좋아하는 줄 알고 그랬다는 말도 안 되는 핑계를 대면서 이 사건을 흐지부지 마무리했다.

오랜 시간이 지난 뒤 밝혀진 진실은, 이미 결혼한 L사원이 H대리에게 이성적인 호감을 느꼈다는 것이었다. 하지만 자신은 이미 결혼했고 모두에게 친절한 H대리의 주위에 사람들이 많은 것이 싫었다고 한다. 그래서 H대리의 평소 좋은 이미지에 먹칠을 하고 싶어서 악의적으로 루머를 퍼뜨렸다고 한다. 마치 자신이 피해자인 것처럼.

이런 소문은 평소에 친한 동료라 할지라도 '정말이야?'라고 묻기가 조심스러울 수밖에 없다. 그러다 보니 소문은 더 퍼지게 되고, 당사자는 영문도 모른 채 루머의 주인공이 된다.

이런 빌런을 만나면 어떻게 대응해야 할까?

루머에 적극적으로 해명하자니 내 잘못도 아닌 일에 힘을 쏟아야 하는 것에 화가 나고, 무시하고 가만히 있자니 소문이 더 빠르게 퍼지는 이러지도 저러지도 못하는 상황이다. 물론 회사의 분위기와 개인의 상황에 따라 대처하는 방법이 다르겠지만 연예인들을 예로 들어보자.

언론에 쉽게 노출되는 연예인들은 자신에 대한 루머에 어떤 해명도 하지 않거나, 반대로 적극적으로 해명한다. 이런 기사마다 항상 상위권에 올라 있는 댓글은 '사실이니까 해명을 못 하는 거겠지', '아니면 아니라고 대응하겠지'와 같은 내용이다. 우리가 실제로 만나본 적도 없는 연예인들의 소문도 해명하느냐, 안 하느냐를 기준으로 사실 여부를 판단한다.

우리 같은 직장인들과 연예인들의 차이가 있다면, 우리는 루머가 퍼지는 사무실이라는 작은 공간에서 하루에 절반 정도의 시간을 보낸다는 것이다. 그러니 무대응으로 가만히 있다 보면, 시간이 지날수록 잊혀지기는커녕 소문에 온갖 양념들이 첨가되어 점점 더 좋지 않은 내용으로 퍼져 나간다. 그러니 사실이 아닌 잘못된 루머에는 적극적으로 대응할 필요가 있다.

다만 처음부터 목소리를 높이거나 욕설을 하는 등 감정적인 대응은 바람직하지 않다. 'XX씨, 아니면 아닌 거지 이렇게 화낼 일이야? 그런 소문이 있으니까 잘 처신하라고 내가 알려주는 거잖아'라는 식으로 나를 위해주는 척하면서 오히려 빠져나갈 구멍을 만들 수 있다. 처음에는 차분한 목소리로 잘못된 소문이라고 확실하게 말한다. 한두 번 말했는데도 지속적으로 악의적인 루머를 퍼뜨리는 동료가 있다면, 그때는 조금 더 강하게 대응하

자. 다시 말하지만 처음부터 감정적으로 나가는 것은 좋지 않다.

그래도 빌런에게 배울 게 있다면?

회사에는 생각보다 하이에나가 많다. 언제 어디서 어떻게 나를 물어뜯을지 모른다. 그러니 나를 지켜주는 절대 방패가 필요하다. 회사에서 절대 방패는 나를 무조건 믿어주는 최소한의 동료 2~3명이다. 왜 2~3명일까?

케빈 베이컨 지수로 알려진 6단계 분리 이론에 따르면, 나의 인맥이 6단계만 거치면 지구상에 살고 있는 대부분의 사람들과 연결된다고 한다. 하물며 아무리 수만 명이 재직 중인 큰 회사라 할지라도 2~3명만 거치면 모든 임직원들을 알 수 있다.

즉, 나의 절대 방패가 되어줄 동료들이 2~3명 있다면 그들도 반드시 나에 대한 루머나 헛소문을 듣게 된다. 그때마다 그들이 잘못된 소문에 동조하지 않고, 나를 지켜주는 방패가 된다면 소문이 퍼지는 것을 막을 수 있다. 애초에 누군가 악의적으로 루머를 퍼뜨리는 것을 처음부터 막을 방법은 없겠지만, 더 심각하게 퍼지는 것은 막을 수 있다.

내가 나를 지키기 위해 노력하는 것도 중요하지만, 주위 사람들이 나를 지켜준다면 더 큰 힘이 된다. 회사에서 내 편을 만드는 것도 필요한 사회생활 중 하나다. 학연, 지연, 혈연을 따지는 것을 권할 수는 없지만 회사생활에서 인맥의 힘이 중요하게 작용하는 것은 사실이다.

마지막으로 하나 더, 나 역시 누군가의 루머나 잘못된 소문에 동조하지 말고, 나 또한 누군가의 방패가 되어줄 수 있는 동료가 되자.

왜 집에서도 회사에서도
죄인이 되는 걸까?

어린이집을 다니기 시작한 아이를 키우며 직장생활을 하고 있는 워킹맘 B대리. 출산 후 육아휴직을 하느라 동기들보다 진급이 늦어졌지만, 아이가 커가는 모습을 보는 행복감에 그러려니 하고 웃어넘긴다. 그녀는 집과 회사 둘 다 소홀히 하지 않기 위해 아침잠도 줄이고 회사에서도 시간을 압축해서 쓰고 있다. 출퇴근하는 왕복 2시간 동안은 집에서 하기 어려운 육아 공부와 재테크 공부도 한다.

그래도 이런 그녀에게 최우선순위는 당연히 눈에 넣어도 안 아플 아이. 퇴근하고 부랴부랴 서둘러야 어린이집 하원 시간에 맞출 수 있다. 버스라도 한 대 놓치면 아이는 친구들 없이 혼자서 쓸쓸히 엄마를 기다려야 한다. 그래서 B대리는 오늘도 퇴근길에 열심히 달린다.

워킹맘이라고 회사일을 소홀히 한다는 이야기를 듣지 않으려고 하지만, 당일에 휴가를 써야 하는 경우도 생긴다. 아이들은 커가면서 크고 작은 잔병치레를 하니까. 계절마다 걸리는 감기, 수족구, 때마다 유행하는 전염병을 모두 피해가며 크는 아이는 없다. 아이가 아프면 휴가를 쓰고 병원에 가는 것은 엄마로서, 아니 부모로서 당연한 일이다. 요즘은 동네에 소아과도 많이 줄어서 오픈런을 해야만 당일 진료를 볼 수 있으니 휴가를 쓰지 않을 수 없다.

B대리와 함께 일하는 K팀장. 그녀 또한 아이 둘을 키우는 워킹맘이지만 집보다는 회사에서 보내는 시간이 유독 많다. 아이들도 중요하지만 일을 내려놓고 싶지 않다. 다른 일을 찾아볼 생각도 했지만 그동안 이 회사에서 쌓아둔 자신의 커리어를 포기하고 싶지 않았다.

K팀장은 집부터 회사 근처로 이사했다. 회사에서 걸어서 5분 거리로 이사한 그녀는 아이들의 저녁밥만 챙겨주고 퇴근한 남편과 바통 터치를 한다. 일이 몰릴 때는 동료들의 도움이 필요하다. "아이들 밥만 차려주고 다시 나올게. 그때까지 이것만 정리해줘"라는 부탁의 말을 달고 산다.

야근하던 동료들이 하나둘 퇴근하는 저녁 8시, K팀장은 오늘의 두 번째 출근을 한다. 엄마와 놀고 싶어 하는 아이들을 두고 다시 회사로 나오는 게 쉽지는 않지만, 한두 해가 지나니 이제는 아이들이 먼저 인사를 한다.

이런 생활만 어느덧 3년. 그녀의 노력이 헛되지 않은 것인지 작년에는 팀장으로 진급했다. 기쁘기도 하지만 아이들에게 미안한 마음도 있다. 아이들이 커가면서 부모로서 고민도 늘어나고 회사에서는 책임감도 더 커진다. B대리를 비롯한 워킹맘들이 자신들의 롤모델이라는 이야기를 하면 고마운 한편 어깨가 더 무거워진다.

하지만 K팀장도 B대리도 회사에서 환영받지 못하는 게 현실이다. 집에서는 엄마로, 회사에서는 직장인으로 둘 다 잘하고 싶을 뿐인데, 양쪽 모두에서 죄인이 된 기분이다. 우는 아이들을 겨우겨우 달래며 출근했는데, 어느 순간 회사에서는 빌런이 됐다. 속삭이는 척하면서 다 들리게 말하는 주변 동료들의 이야기를 무시하고 지나간 것만 여러 번이다.

"B대리, 아이들 핑계도 한두 번이지. 계속 혼자 이럴 거야? 누구는 아이 안 키워봤어? 그러니까 내가 회사 근처로 이사 오라고 했잖아!"

"K팀장 독한 거봐. 모성애도 없나? 어떻게 아이들을 집에 두고 저렇게 회사에 목숨을 걸어? 저렇게까지 해서 팀장 달면 뭐 해?"

"저 사람들이 나가야 신입을 받든 경력을 받든 인원을 채울 텐데 말이야. 저렇게 자리를 차지하고 있으니까 우리만 더 힘들지."

이런 빌런을 만나면 어떻게 대응해야 할까?

누가 빌런일까? 회사와 가정 모두에 최선을 다하는 워킹맘에게 독한 말을 하는 이들이 진짜 빌런이다. 그들은 왜 워킹맘을 양쪽 모두에게 죄인으로 만드는 걸까? 육아로 회사에 소홀하면

유난 떨지 말라 하고, 반대로 회사일에 집중하면 독하다고 한다. 워킹맘이라면 누구나 이런 모진 이야기를 들어봤을 것이다.

워킹맘을 빌런으로 몰아가는 진짜 빌런들은 여러 이유를 들먹인다. 등원시킨다고 늦게 출근하고, 하원시킨다고 일찍 퇴근하고, 아이가 아프다고 갑작스럽게 휴가를 쓰고, 이것도 아니면 아이 낳고 나서는 업무 능력이 떨어졌다며 온갖 트집을 잡는다. 이들은 어차피 도와줄 마음이 없으니 처음부터 끝까지 꼬투리를 잡는다. 그러니 진짜 빌런들의 모진 말에 가능한 상처받거나 흔들리지 말고 내 할 일에 집중해야 한다.

다만, 맞벌이를 하는 부부라면 현실적인 준비를 해야 한다. 출산 직후에는 엄마가 육아휴직을, 엄마가 복직하면 아빠가 육아휴직을 쓸 수 있다면 좋겠지만 아직까지 어려운 것이 현실이다. 가능하다 하더라도 외벌이로 인한 경제적인 문제가 발목을 잡는다.

그러니 맞벌이하는 상황에서는 아이에게 무슨 일이 생기면 어느 날에 누가 달려갈 수 있는지 항상 정해두어야 한다. 뺄 수 없는 야근을 해야 한다든가, 회식이 있다든가, 외근으로 늦어지는 경우 등 하루 전날이라도 서로 날짜를 맞춘다. 너무나도 당연한 것을 안 하는 부부들이 생각보다 많다. 퇴근시간만 되면 "애는 나 혼자 키워? 나도 지금 회사에서 일하잖아"라며 큰 소리내는 부모들을 종종 본다.

부부가 둘 다 안 된다면 누구에게 도움받을 수 있을지, 본인들 가정만의 SOS를 미리 준비해야 한다. 보통의 경우 양쪽 부모님의 도움을 받지만, 모두가 그럴 수 있는 상황은 아니다. 도와줄 가족이 근처에 없고 부부가 모두 이러지도 저러지도 못하는 상황이라면 둘 중에 한 명은 육아휴직을 쓰는 게 사실상 맞다. 아무도 도와줄 수 없다면 말이다.

마지막으로 한 가지 깨우쳐야 할 것은 워킹맘이라고 해서 동료들의 배려를 당연시하면 안 된다. 상대의 배려는 고마운 것이지 당연한 것이 아니다. 아이는 나에게 가장 소중한 존재이니 육아는 최우선순위이지만, 나 때문에 내 일을 더 하게 되는 동료에게는 아니다.

그래도 빌런에게 배울 게 있다면?

K팀장은 대한민국 회사에서 워킹맘이 어떻게 팀장까지 올라갈 수 있는지 보여준 사례이기도 하다. 유리천장을 깨기 위해서 말 못 할 희생과 상처를 받아왔을 것이다. 아이가 아파 병원에 갔다가 다시 회사로 돌아온 경우도 있을 것이고, 아이들 저녁만 챙겨주고 다시 출근하는 엄마의 마음은 결코 편하지 않을 것이다. 반대로 이렇게까지 해야만 팀장의 자리에 올라갈 수 있는 현실의 아픔이기도 하다. 그 과정에서 누군가는 독하다고 손가락질했을 것이고, 내 편이라고 생각했던 가족들의 모진 말도 수없이 들었을 것이다.

이렇게 여자들은 결혼에 이어 출산하게 되면 현실적인 선택을 강요받는다. 직장을 그만두고 육아에 전념할지, 직장생활을 계속하며 워킹맘이 될지 말이다. 물론 남자도 같은 상황이지만 아직까지 한국에서는 엄마가 육아를 하는 것이 조금은 더 보편적이다.

여기서 워킹맘의 길을 선택한 사람들은 자책하지 않았으면 한다. 워킹맘은 일도 육아도 어느 하나 제대로 하지 못한 것이 아니라 둘 다 해낸 사람이다. (물론 이것은 워킹대디들도 똑같다.) 그러니 워킹맘과 워킹대디 모두 회사보다 아이가 후순위로 밀린다는 미안한 마음을 갖지는 말자. 아이를 위해서도, 본인을 위해서도 내 할 일을 하는 모습을 보여주는 것이, 부모가 열심히 사는 모습을 아이에게 보여주는 것이 살아 있는 교육이고 배움이다.

'한 아이를 키우는 데에는 온 마을 사람의 도움이 필요하다'라는 말이 있다. 소중한 하나의 생명을 온전한 사람으로 키워내는 데에는 그만큼 많은 사람들의 손길이 필요하다. 우리 모두 누군가의 자식이고, 부모이다. 서로 조금씩 배려하고 이해한다면, 이 사회는 조금 더 나은 길로 갈 수 있을 것이다. 물론 맘 놓고 아이를 맡길 수 있는 어린이집이나 유치원 같은 기관이 늘어나고, 엄마와 아빠 모두 육아휴직을 써도 불이익을 받지 않는 문화가 자리 잡기를 바란다.

공황장애라더니
약 먹으면 멀쩡한 거였구나?

MBTI로 본다면 대문자 E의 성향을 가진 매우 외향적인 K과장. 평소에도 활발한 성격으로 주변 동료들과 어울리는 것을 좋아하는 그녀가 회사에서 주눅이 들기 시작한 것은 흔히 말하는 호랑이 임원의 비서실과 같은 역할을 담당하면서부터다. 매일같이 실적으로 압박받고 시도 때도 없이 쏟아지는 폭발적인 업무 지시와 짧은 마감기한에 점심식사를 건너뛴 적이 한두 번이 아니다. 이제는 아예 점심을 못 먹겠다는 생각에 매일 아침 빵과 우유를 챙긴다.

임원의 비서실 역할을 하다 보니 모든 직속 부서의 업무를 파악하는 것은 기본이고, 해당 임원의 성향에 맞게 보고서 검토와 수정을 해달라는 요청이 늘어났다. 말이 검토이고 수정이지 사실상 새로 만들어달라는 것과 다르지 않다. 여기서 끝이 아니다. 그녀를 정말 힘들게 한 것은 매 순간 업무 파악이 끝나기도 전에 결과를 묻는, 화장실을 다녀오는 그 짧은 시간에도 그를 찾는, 마음 편하게 퇴근하기 어려울 정도로 업무량을 늘리는 임원의 압박이었다.

결국 그녀는 하루도 빠짐없이 반복되는 긴장감과 압박감에 자신을 돌보지 못했고, 어느 날부터 해당 임원이 자기 이름만 불러도 심장이 2~3배로 빨리 뛰는 느낌과 숨을 쉬기 힘든 상황이 빈번해졌다. 곧바로 병원을 찾아간 그녀는 공황장애 진단을 받고 약물 치료를 시작했다. 공황장애를 겪어본 사람은 알겠지만, 자신이 두려워하거나 힘들어하는 상황에 놓이면 눈 깜짝할 사이에, 대비할 틈도 없이 숨을 쉴 수도 없고 주변에 있는 모든 것이 공포로 다가와 몸이 덜덜 떨린다.

여기서 나타난 더 나쁜 빌런은 같은 팀의 중간관리자 P차장. K과장보다 상급자인 그였지만, 업무적으로는 K과장에게 전적으로 의지하는 무임승차 상사였다. 하지만 일은 못해도 공감 능력이 좋았던 그는 K과장이 병원을 다니고 약을 먹을 정도로 건강이 안 좋아졌다는 것을 아는 팀 내의 유일한 동료이기도 했다. 평소에 그는 긴장감과 압박감에 시달리는 K과장을 위로해 주고 토닥여주었다. 안타깝게도 직접적으로 일을 도와줄 능력은 없었지만, 말이라도 "천천히 하자. 서두르면 더 안 되니까 급한 것부터 먼저 해보자. 오늘도 이사님이 너무 서두르시네"라며 한 번씩 달래주기도 했다.

이런 그가 본색을 드러낸 것은 연말 인사평가 때였다. 임원들을 비롯해 대부분의 직장인들이라면 떨어지는 낙엽도 조심하는 시기다. 인사평가 직전에는 추가로 마지막 성과를 더 내거나 기존의 성과를 더욱 돋보이게 부풀릴 수도 있지만, 반대로 마이너스 요소를 만들지 않기 위해 업무의 속도를 조절하기도 한다. 꼭 이럴 때 일을 벌이면 사고가 난다. 연말에 문제가 생기면 아무리 작은 사건이라도 평소보다 더 크게 느껴지고 인사평가에 반영되지 않을 수 없다.

하지만 K과장에게는 상관없는 이야기다. 상사 임원이 급하게 시키면 안 할 수도 없다. 오히려 연말일수록 처리해야 하는 일들이 동시에 떨어진다. 어느 날 평소보다 더욱 불호령이 떨어지자 K과장은 또다시 공황장애 증상이 나타났다. 숨을 쉴 수가 없고, 모든 사람이 자신을 해칠 것처럼 무서웠다. 그녀는 어쩔 수 없이 비상약을 네 알이나 먹었다. 다른 동료들에게는 공황장애 증상을 보이고 싶지 않았다. 비상약을 먹으니 겉으로는 평소의 모습처럼 돌아왔다. 숨을 쉴 수 있고 온몸의 떨림이 줄어들었다. 이런 모습을 보고 P차장은 빌런만 할 수 있는 명대사를 날렸다. (비상약을 복용해야 할 경우 한두 알, 아무리 심해도 세 알 이상 먹지 않는 것이 일반적인 기준이다. 그런데 네 알이나 먹었다는 것은 그만큼 몸 상태가 좋지 않아서 셀프 응급조치를 했다는 것이다. 물론 의학적으로는 알약의 개수가 아니라 mg을 기준으로 하는 것이 정확하다.)

"뭐야? 약 먹으면 괜찮아지는 거였어? 그 약 나도 몇 개 좀 줘봐. 그냥 약 먹고 일하면 되는 거였네. 앞으로는 약 먹고 일하자!"(K과장과 P차장은 같은 팀이었기에 K과장이 공황장애로 일을 못 하게 되면 P차장의 인사평가에도 타격이 갈 수 있었다.)

공황장애 증상이 나타날 때 먹는 비상약은 가능한 먹지 말아야 하는 마지막 선택이다. 비상약을 먹었다는 것 자체가 몸이 버티기 어려울 정도로 최악이라는 뜻이고, 이때는 무조건 휴식과 안정을 취해야 한다. 이런 동료에게 약을 먹고 일을 하라고 하는 것은, 오른쪽 팔이 부러진 사람에게 남은 왼쪽 팔로 일하라고 하는 것과 같다. 이제 막 맹장수술을 마친 사람에게 손발은 멀쩡하니 문서 작업을 시키는 것과 같다. 그만큼 일을 할 수 없는, 하지 말아야 하는 상황이라는 것을 P차장은 전혀 생각하지 않았다.

평소에 K과장의 건강을 걱정해주는 줄 알았던 P차장도 인사평가라는 본인의 실익이 걸린 상황에서는 동료의 아픔 따위는 무시하고 일을 시키기에 급급했던 중간관리자였다. 역시, 직장에서는 온전한 내 편을 찾기 어려운 것일까?

*비상약 : 공황장애 증상이 나타날 때 먹는 비상약은 보통 알프라졸람이나 클로나제팜 성분으로 급격한 경계심과 긴장감을 풀어주는 등 불안감을 완화해주지만 몸에는 좋지 않다. 호르몬을 강제로 조절하는 비상약이지 치료제가 아니기 때문에 자주 먹으면 안 된다.

이런 빌런을 만나면 어떻게 대응해야 할까?

극한의 상황에 놓여 있는 나를 더욱 나쁜 상황으로 내모는 빌런을 웃음으로 대할 필요는 없다. K과장은 P차장에게 정색하고 차갑고 무겁게 말했어야 했다. 실제로는 그러지 못하고 또 웃음으로 넘겼다고 한다. 약을 먹고 일하라는 P차장에게 본인의 상황을 단호하게 이야기하고 잠시라도 다른 동료에게 일을 부탁하고 사무실에서 벗어났어야 했다.(P차장은 어차피 일을 할 줄 모르니 도움이 안 될 것이다.) 책임감 없이 행동하라는 것이 아니라, 극한의 상황에서는 항상 내 몸을 먼저 신경 써야 한다는 것이다. 비상약을 먹을 정도라면 어차피 참고 일한다 해도 올바르고 정확하게 하기 어렵다. 이럴 때는 누군가의 도움을 받는 것이 서로에게 좋다. 빌런의 말대로 억지로 일한다면 그다음에 비슷한 상황에서 똑같이 빌런에게 당할 수밖에 없다. 그리고 빌런은 분명히 한마디를 더 할 것이다.

"거봐, 약 먹고 하니까 다 되잖아."

직장생활을 하다 보면 동료들의 도움을 받아야 할 때가 많다. K과장처럼 본인의 건강이 좋지 않을 수도 있고, 육아 문제나 부모님이 편찮으실 수도 있다. 너무나도 많은 업무가 동시에 몰려올 수도 있고, 혼자 처리하기 버거운 업무를 맡을 수도 있다. 이럴 때 주저하지 말고 동료들에게 도움을 청하자. 나를 도와줄 수 있는 동료들이 반드시 있다. 도움을 받은 만큼 도와줄 수 있고, 도와주는 만큼 도움을 받을 수 있다는 말을 기억하자.

그래도 빌런에게 배울 게 있다면?

인간관계나 처세술, 심리학과 관련된 유명한 책이나 강연을 들으면 항상 빠지지 않고 나오는 조언이 '상대의 입장에서 생각하라'는 것이다. 하지만 내가 겪어보지 않은 상대방의 상황을 100% 온전히 이해하기란 사실상 어렵다. 설령 내가 상대와 비슷하거나 같은 상황에 놓이더라도 서로의 성격이 다르고 대응할 수 있는 범위가 다르기에 적절한 조언을 하거나 해결책을 제시하기가 쉽지 않다. 나 역시 지금 이 책에서 말하는 수많은 빌런들의 대처법이 모두에게 똑같이 적용될 것이라고 생각하지 않는다. 각자 다니는 회사의 문화와 개인의 상황에 따라 다르게 적용될 수 있다. 그럼에도 조금이나마 도움이 됐으면 하는 마음이다.

그렇지만 대부분의 상황에서 상대에게 도움을 줄 수 있는 한 가지 방법은 '시간'을 만들어주는 것이다. 누군가를 배려해야 하는 상황에서는 내가 심리적으로 우월한 상태인 경우가 많다. 이럴 때 상대를 다그치지 말고 생각을 정리할 틈을 주는 것, 속도가 느려도 천천히 해낼 수 있도록 기다려주는 것, 조급함을 느끼지 않게 여유를 만들어주는 것, 설령 결과가 잘못되어도 다시 회복할 시간을 주는 것. 이렇게 시간만 만들어줄 수 있어도 충분한 도움이 된다. 상대의 문제를 해결해주거나 차선책을 알려주는 것만이 도움이 아니다.

같은 회사를 다니는 동료들끼리, 같이 이 세상을 살아가는 사람으로서 도와줄 수 있는 부분은 서로 돕고 지내자.

직장생활을 오래 하다 보면 경조사가 일주일에 몇 개씩
생기기도 합니다. 내 몸은 하나인데 모든 걸 다 챙길 수는 없지요.
회사에서 일하랴, 집에서 가족 챙기랴, 경조사까지 다 챙기면 정작 나 자신을
못 챙깁니다. 참석하는 자리가 많으니 집에서 오해하기도 합니다. 장례식 핑계
대고 놀다 오는 거 아니냐는 이야기를 들으면 내가 뭐 하고 있나 싶습니다.
그래도 시간 내서 조문했으니 최소한의 예의는 지켰다고 생각합니다.
.

부친상 조문에서
10분 만에 나오는 H팀장

아픈 건 개인 사정이고 회사는 일을 하러 온 곳인데
일부터 해야죠. 이거 못 해서 우리 팀 실적 무너지면 다 같이 손해 보는
거라고요. 진짜 아픈 거면 병가를 쓰든가. 사실이 그렇잖아요. 그러면 인력
충원이라도 하지. 그 정도는 아니니까 나오는 거잖아요? 어차피 회사 사람들하고
평생 볼 것도 아닌데 아픈 거까지 제가 일일이 챙길 이유는 없죠.

공황장애로 힘들어하는
후배에게 일 시키는 P차장

평생 함께하고 싶은 사람은

회사에는 빌런만 있는 게 아니죠. 본받고 싶은 분들도 많고 제 인생의 귀인들도 있어요. 이분들과는 회사 밖에서도 평생 함께하고 싶고요. 어떤 분들인지 제 경우를 예로 들어볼게요.

제가 옆에서 가장 많이 배우는 분은 무슨 일이든 방법을 찾으려고 노력하는 분들이에요. 회사일도 그렇지만 살다 보면 별의별 일이 다 생기죠. 답이 있기는 한 걸까라는 생각이 드는 일들이요. 이럴 때 안 되는 핑계를 대면서 그냥 넘기는 게 일반적이에요. 저도 많이 그랬고요. 그런데 이분들은 답을 찾는 데 집중해요. 해낼 수 있는 방법을 찾는 데 에너지를 쏟아요.

한번은 수백억이 넘는 장비가 망가진 적이 있어요. 몇 가지 부품을 교체해야만 하는 상황이었죠. 해외 업체 장비인데 하필 그때가 그 나라 연휴 기간이라서 긴급대응이 안 된다고 하더라고요. 저를 포함한 대부분은 '잘됐다. 오히려 이때 우리도 놀 수 있으니 좋다. 업체가 안 된다는데 우리가 어떻게 할 수가 없잖아'라며 겉으로는 티를 안 냈지만 속으로는 좋아했죠. 지금 돌이켜보면 정말 일차원적인 생각이었어요. 다들 연휴가 끝나길 기다리자고 했는데, 딱 한 분만 모든 동종 업계에 전화해서 여분이 있는지 확인하더라고요. 물론 2배 이상 비싼 가격으로 가지고 왔지만 프로젝트 일정 자체가 연기되는 것보다는 훨씬 이득이었어요. 이때 제대로 깨우쳤어요.

'아! 일을 안 되게 하려면 수만 가지 핑계를 댈 수 있고, 일이 되게 하려면 어떻게든 방법을 찾아낼 수 있구나.'

절대 놓치지 말고 평생 함께해야 하는 또 다른 분들은 내가 힘들 때 먼저 손 내밀어 도와주시는 분들이에요. 내가 잘하고 있을 때는 주변에 많은 사람들이 모여요. 회사에서는 업무 성과가 잘 나올 것 같으면 꼭 여기저기서 연락을 하더라구요. 도와주려는 분들도 있지만 어떻게든 버스 좀 타보려는(무임승차를 뜻하는 말) 경우도 있죠. 이럴 때는 보통 가면을 쓰고 다가오기 때문에 누가 내 편인지 아닌지 구분하기 어려워요.

그런데 공황장애로 병원 치료를 받을 만큼 힘들어할 때는 정말 주변에 아무도 없었어요. 같은 팀 사람들도 대부분 나 몰라라 했죠. 하지만 어떻게 알았는지 자기 일처럼 걱정하고 도와주는 분들이 계셨어요. 축 처져 있는 저를 붙잡고 밥도 사 먹이고 힘들다는 하소연도 다 들어주고 현실적으로 도와줄 방법도 같이 찾아주셨어요. 내 편이 있다는 것은 그 자체만으로도 정말 큰 힘이 돼요. 덕분에 힘들었던 시절을 잘 극복하고 지금은 즐겁게 회사생활을 하고 있어요. 당연히 이분들께는 평생 보은하며 살아야겠죠?

에필로그

그래도 우리는 직장인이다

유독 힘든 날이 있다. 일이 내 마음처럼 안 풀려 답답한 오늘, 이럴 때 꼭 나를 더 힘들게 하는 사람들도 있다. 가만히 있는 다른 사람들도 미워 보인다. 오늘 하루에만 그만두고 싶다는 생각을 몇 번이나 했는지 모른다. 퇴직금을 조회해본다. 나도 모르게 큰 한숨이 나온다. 두통이 더 심해진다. 찬바람이라도 쐴 겸 건물 밖으로 나가본다.

'나 때는 말이야. 더 힘들기는 했어' 하고 지나가는 선배도 있다. '나 때는 이랬는데, 앞으로는 더 좋아지면 좋겠다'라며 위로해주는 스승도 있다. '나 때는 힘들어도 다 했는데, 요즘은 왜 이리 불만들이 많아?'라고 하는 빌런도 있다.

직장에는 선배도 많고 스승도 많지만, 빌런 또한 언제 어디에나 존재한다. 좋은 동료들 덕분에 일하면서 행복을 느끼기도 하지만, 한두 명의 빌런들 때문에 하루의 기분을 망치고 지속적으로 피해를 보기도 한다. 하루하루 전쟁을 치르는 게 업무 외로 우리가 해야 하는 일인가 하는 생각도 해본다.

'나도 저런 빌런한테 당한 적 있어.'
'저런 빌런들이 다른 회사에도 있구나.'
'아! 저렇게 대처하면 되겠네.'
'맞아, 저런 사람들처럼 살지는 말아야지.'

공감하는 부분이 있다면 당신도 빌런에게 한 번쯤은 당해본 경험이 있다는 것이다. 이 경험을 바탕으로 두 번 다시 당하지 않도록 대비해놓았을 수도 있고, 여전히 어떻게 대처해야 할지 모를 수도 있다. 빌런을 보면서 '저러지 말아야지'라고 다짐하는 부분도 있고, 현명하게 대처하는 동료들을 보면서 배우기도 했을 것이다.

회사의 크기, 업종, 직원들의 분포, 회사의 위치와 환경에 따라 빌런들의 유형도 다양하다. 이 책에서 다루지 못한 빌런들도 여전히 많고, 새로운 방식의 빌런들도 끊임없이 생겨나고 있다. 우리가 살면서 모든 빌런을 다 만날 수는 없다. 그러니 빌런에게 한두 번은 어쩔 수 없이 당하게 마련이다. 경험도 없고 지식도 없고 대처할 방법도 모르니 말이다.

하지만 우리 모두 서너 번은 당하지 말자. 여러 종류의 빌런들이 있음을 염두에 두고, 빌런을 만났을 때 적절하게 대처하자. 그 어떤 빌런들도 약점이 있고 대처법이 있다. 빌런마다 성향과 상황이 다르니 완벽하지는 않겠지만, 이 책에 나오는 빌런들의 종류와 대처법이 안 그래도 쉽지 않은 직장생활에 조금이나마 도움이 됐으면 하는 바람이다.

나 또한 누군가에게는 빌런일 수도

빌런들의 이야기를 쓰면서 가장 고민한 부분은 '나 역시 누군가에게는 빌런일지 모른다'는 생각이었다. 그렇다. 누군가를 욕하고 뒷담화하기 전에 항상 나 스스로를 되돌아봐야 한다. '나는 정말 완벽해? 이 회사에서 나를 싫어하는 사람이 한 명도 없을

까? 내가 뭐라고.'

그래서 이 책을 쓰는 모든 기간 동안 '나' 자신을 가장 많이 돌이켜봤다. 직장에서 만난 여러 빌런들의 이야기를 풀어놓으며, 나 또한 그들과 조금이라도 비슷하게 행동한 적이 정말 단 한 번도 없었는지, 오히려 누군가에게는 더 심한 빌런으로 보일 만한 행동을 하지 않았는지, 반성하고 또 반성했다.

누군가는 나의 작은 행동이나 말 한마디에 상처를 받았을 것이다. 사소한 행동 하나로 불쾌하고 불편함을 느끼기도 했을 것이다. 이번 기회에 나 먼저 다시 한 번 되돌아보고 반성한다. '그런 의도는 아니었다'라는 말을 하기에는 무거운 책임감도 든다. 나의 지난날을 돌아보며 고쳐야 할 부분은 고치고, 오늘부터는 상대의 상황과 감정을 이해하고 배려하고자 한다.

이 책을 읽는 독자들도 같은 마음이었으면 한다. 다른 사람의 눈치를 보자는 것이 아니라, 나부터 돌이켜보자는 것이다. 누군가를 뒷담화하기 전에 나부터 잘하고 동료들에게 피해를 주지 않도록 하자. 이런 나의 작은 노력이 안 그래도 힘든 직장생활에서 그나마 잘 버틸 수 있는 비타민이 되리라 확신한다.

정말 하고 싶은 이야기
직장은 우리 삶의 공간이니까

회사. 출퇴근 시간을 포함하면 하루 최소 10시간, 일주일에 5일, 1년에 약 250일가량을 보내는 곳. 우리 직장인들의 삶의 공간이다. 내 방 침대보다 사무실 책상에 더 오래 앉아 있고, 가족보다 동료들과 더 많은 시간을 보낸다.

누군가는 직장인들은 일 안 하고 회사에서 시간만 때워도 꼬박꼬박 월급도 나오고 편하게 휴가 쓰고 여행 다니며 쉴 수 있으니 얼마나 좋냐고 한다. 반대로 어떤 이들은 평생 회사를 다녀봐야 버는 돈도 뻔한데 노후 준비도 못 하고 하루아침에 잘릴 수도 있으니 빨리 퇴사하고 다른 일을 준비하라고 한다. 어쩌면 우리 스스로도 마찬가지다. 공기업을 다니면 공노비, 사기업을 다니면 사노비, 대기업을 다니면 대감집 노비라고 낮추고 비하하기도 한다.

누가 뭐라고 하든 우리 스스로는 그러지 않았으면 한다. 회사에서 몇 년간 시행착오를 거치며 고생했던 노력이 큰 성과를 만들었을 때 다 같이 박수치며 환호성을 지른 적이 있다. 야심차게 준비했던 프로젝트가 사소한 일로 틀어져 좌절을 맛보기도 했다. 상사에게 칭찬받으면 아닌 척하고 싶어도 나도 모르게 웃음이 나온다. 이렇게 직장에는 우리의 희로애락이 녹아 있다. 그리고 우리의 삶을 만들고 있다.

'퇴근 후의 몇 시간이 남은 인생을 바꾼다'며 이것저것 배우고 공부하는 직장인들도 있다. 너무 멋있다. 퇴근하면 놀거나 그저 쉬고 싶은데 운동도 하고 학원도 다니는 이들을 보면 슈퍼맨이 아닐까 하는 생각도 든다.

하지만 직장인들은 가장 많은 시간을 보내는 회사에서부터 배움이 시작되었으면 한다. 이미 여러 사례를 살펴본 것처럼 우리는 빌런을 포함한 동료들에게 생각보다 많은 것들을 배운다. 다양하고 어려운 업무 전쟁을 치르며 상처도 받지만 그 과정에서 한 걸음 더 성장한다. 그러니 우리 삶의 공간인 이곳에서 먼저 나 자신을 만들어가는 것이 지극히 당연한 순서이다.

나는 빌런들 때문에 전문적인 치료를 받을 만큼 힘든 시간을 보낸 적이 있다. 하지만 도망가지 않았다. 오히려 나를 힘들게 했던 빌런들을 돌이켜보며 '저러지 말아야지' 다짐하고 그들과 다르게 살면서 하루하루를 보냈다. 기본적인 에티켓을 지키고, 누구든 나와 일하고 싶은 마음이 들도록 노력했다. 해야 할 것과 하지 말아야 할 것을 구분했더니 "네 주변에는 왜 이리 좋은 사람들이 많아?"라는 말을 듣기도 했다.

이제는 회사에서 서로 도와줄 수 있는 동료들이 있다. 내가 차근차근 만들어갈 일도 있다. 능력은 부족해도 괜찮다. 모르면 배워가며 또 해낼 수 있으니까. 그렇게 이곳에서 올 한 해 나의 삶을 만들어갈 거니까. 그래서 지금은 내일의 출근이 마냥 싫지만은 않다. 오히려 또 어떤 새로운 일이 일어날지 설레기도 한다.

마지막으로 우리 직장인들! 누구보다 자신을 아껴주고 칭찬하고 대견스럽게 생각하자. 눈이 오나 비가 오나 매일 늦지 않게 출근하는 성실함, 처음 해보는 일도 결국 해내는 책임감, 보기 싫은 사람들과도 잘 지내는 유연함, 끊임없이 공부하고 배우는 노력, 하루 8시간 이상 일할 수 있는 체력. 이 모든 것을 갖춘 우리는 이미 그 자체로 대단한 사람들이다.

K-직장인들.

다들 오늘도 수고했어요.

우리 내일도 멋진 하루를 만듭시다.

오피스 빌런에게 고통받는 당신을 위한 처방전

초판 1쇄 인쇄 2024년 3월 4일
초판 1쇄 발행 2024년 3월 21일

지은이 박지훈
펴낸이 이범상
펴낸곳 (주)비전비엔피 · 비전코리아

기획 편집 차재호 김승희 김혜경 한윤지 박성아 신은정
디자인 김혜림 최원영 이민선
마케팅 이성호 이병준 문세희
전자책 김성화 김희정 안상희 김낙기
관리 이다정

주소 우) 04034 서울특별시 마포구 잔다리로7길 12 (서교동)
전화 02) 338-2411 | **팩스** 02) 338-2413
홈페이지 www.visionbp.co.kr
인스타그램 www.instagram.com/visionbnp
포스트 post.naver.com/visioncorea
이메일 visioncorea@naver.com
원고투고 editor@visionbp.co.kr

등록번호 제313-2005-224호

ISBN 978-89-6322-222-6 03320